资本天道

BLOCK CHAIN + FUTURE

区块链 + 未来

创新巨浪　公平价值　运行机制　技术挑战

李波　屈林　陈晔 ◎ 主编

上海文化出版社

目 录 Contents

序 ……谢吉华……OOI

前 言 ……OOI

区块链＋未来 …… 李　波 …… 001
创新时代的探索 …… 屈　林 …… 003
未来已来——论区块链技术的行业运用 …… 陈　晔 …… 004

创新技术篇 ……OOI

第一章　创新巨浪 …… 002
第一节　约束与颠覆 …… 002
第二节　信用不昂贵 …… 010

第二章　公平价值 …… 017
第一节　多中心化下的公平 …… 017
第二节　传递价值 …… 023

第三章　区块链是技术 …… 027
第一节　区块链基础 …… 027
第二节　区块链的工作流程 …… 032
第三节　区块链的运行机制 …… 036

第四章　区块链技术与分类 …… 039
第一节　区块链的技术特点 …… 039
第二节　区块链的分类 …… 040
第三节　区块链的技术局限与扩展 …… 040

第五章　区块链的技术挑战 ······ 043

第一节　区块链的技术安全 ······ 043

第二节　区块链的扩展性 ······ 045

第三节　基于散列算法的加密 ······ 050

技术应用篇 ······*053*

第六章　区块链＋教育 ······ 054

第一节　区块链教育探索 ······ 054

第二节　区块链教育证书检验系统 ······ 058

第三节　学业成绩水平测试 ······ 062

第四节　区块链教育其他应用模式 ······ 065

第五节　问题与挑战 ······ 072

第七章　区块链＋众筹 ······ 077

第一节　区块链给众筹带来了什么变革 ······ 077

第二节　区块链投资建设中的"信任" ······ 078

第三节　区块链与产品众筹的结合 ······ 079

第八章　区块链＋艺术品投资 ······ 081

第一节　艺术品市场迅速发展 ······ 081

第二节　艺术品投资的瓶颈及趋势 ······ 084

第三节　区块链＋艺术品投资 ······ 088

第九章　区块链＋汽车 ······ 099

第一节　概述 ······ 099

第二节　汽车区块链研究方法 ······ 103

第三节 汽车区块链应用 ······ 104

第十章 区块链＋人工智能 ······ 112
第一节 关于人工智能 ······ 114
第二节 AI 与区块链的相互影响 ······ 117
第三节 智能区块链时代 ······ 123

争议案例篇 ······ 131

第十一章 不得不说的比特币 ······ 132
第一节 数字货币的龙头老大 ······ 132
第二节 区块链比特币的价格来自价值 ······ 142

第十二章 Filament 寻求基于区块链技术的工业物
联网项目 ······ 146
第一节 Filament 概述 ······ 146
第二节 项目发展 ······ 147

第十三章 Visa 与 Docusign 联合推出区块链汽车
租赁项目 ······ 150
第一节 项目概况 ······ 150
第二节 出行共享 ······ 153

第十四章 BITproof 联合学校认证学历项目 ······ 155
第一节 学历认证的来由 ······ 155
第二节 BitProof 项目概况 ······ 156

第十五章　以太坊开发实践及案例分析 ······ 158

第一节　以太坊介绍 ······ 158

第二节　开发过程 ······ 159

第十六章　Fintech 公司区块链 ······ 162

第一节　Fintech 即金融科技 ······ 162

第二节　Fintech 投资依然强劲 ······ 163

第三节　Fintech 的新金融之路 ······ 163

混沌争鸣篇 ······ *167*

第十七章　区块链的背面 ······ 168

第一节　区块链的真相 ······ 169

第二节　监管行动 ······ 179

第十八章　区块链众生 ······ 184

第一节　区块链何去何从 ······ 184

第二节　区块链生态 ······ 187

第十九章　技术与规范 ······ 193

第一节　不要让技术成为牺牲品 ······ 193

第二节　区块链落地 ······ 196

第二十章　自由与演化 ······ 200

第一节　区块链进化论 ······ 200

第二节　区块链场景 ······ 204

第二十一章　博弈与合作 ······ 212

第一节　数据保护 ······ 212

第二节　博弈之美 ······ 216

第二十二章　巨头入局 ······ 220

第一节　交易所变局 ······ 220

第二节　中国央行在行动 ······ 226

结语 ······ 233

写在成稿之际 ······ 李　波 ····· 233

未来或许是区块链＋中心化价值平台的世界 ······ 韩　明 ····· 235

当我们谈到信任，我们究竟在谈什么？ ······ 朱　宁 ····· 236

参考文献 ······ 238

参考网站原文地址 ······ 240

国外参考资料 ······ 242

序

　　区块链技术和大数据、人工智能并称为数字新经济时代的三个制高点，而区块链技术最为特别，原因在于：它不仅带来生产力的变化，而且带来生产关系的重构。

　　区块链技术，由于其在去中心化生态当中激励 TOKEN 的应用，使它成为离钱最近的技术，甚至它本身就是钱。这也吸引了众多追随者的加入，导致区块链的世界当中，精英在酿啤酒、百姓在吹泡泡、骗子在割韭菜……

　　而当我们把眼光投射于财富背后的真理，我们更应关注的是技术的应用，以及应用后区块链项目生态的创新、竞争、安全和效率。

　　感谢《区块链＋未来》编写组的各位专家，感谢你们不仅为读者全景式地讲述了区块链的前世今生，更研究了区块链技术如何在现实产业中的落地。而区块链的应用是我们国家发展区块链技术最需要解决的突破点。

　　在本书成稿出版的日子里，我们不仅看到了工信部 2018 年中国区块链技术的白皮书，更从两院院士大会上传来了习近平总书记对区块链等高新科技发展的期待。这些也许正是区块链技术共识的形成。最后特别感谢上海文化出版社各位老师的辛勤付出。

　　让我们不忘初心，眼前永远是星辰和大海，心中始终是勇敢和深情。

谢吉华

国家技术转移东部中心总裁

前　言

区 块 链 + 未 来

　　一种叫"去中心化"（Decentralization）的思想，从人类社会诞生之初便与生俱来。他渴望去掉中心，实现人与人之间直接沟通、直接交易、直接传播。他相信总有一天，我们可能不再需要中心化的机构。在人类的发展长河中，这种思想都一再发生碰撞，与不同的组织、环境和载体相结合，进而产生不同的社会变革。站在现今的时空维度中，你依然可以看到去中心化的宗教教会，也可以看到去中心化的制度和社会组织。

　　信息技术的产生与大规模使用，为中心化的思想，带来了技术载体。追溯着这个思想和技术相结合的脉络，产生了大量人们喜闻乐见的甚至颠覆性的创新：P2P 下载、CND（P-CND）、分布式计算（云计算）、社交媒体（自媒体）、P2P借贷、众筹、共享、区块链、自组织 DAO 等。沿着这个创新脉络，我们会看到众多伟大的创新公司的足迹：Napster、迅雷、Facebook、Twitter、新浪微博、腾讯、Uber……

　　今天，"区块链"已经成为互联网领域，特别是金融科技领域，火热的概念，吸引了越来越广泛的关注、研究乃至投资热潮。越来越多的人开始注意到，这个新技术可能产生的巨大影响。但也有很多人表现出极大的困惑，因为他们往往在看介绍区块链相关文章时，觉得这个技术似乎可以彻底颠覆世界，但是如果真的在现实世界中，试图探寻可落地的应用时，却似乎又很难找到真实且有可持续价值的案例。因此，很多人都很疑惑，究竟"区块链"会成为改变许多商业模式的神奇工具，还是仅仅又是一个包装出来的全新概念。

　　本书的写作，既是一种知识的传播，更可以看作写作团队自身的一种探索，我们和大家一起追溯"区块链"技术的起源、探索各种应用场景、进行各种案例的分析，进而研讨相对应的各种技术难点。毕竟在互联网虚拟世界乱象频发、岌岌可危的年代，区块链是目前唯一可以用来对虚拟世界进行管理、修复和再造的技术。

当然，综观技术发展的历史，技术路径的选择往往有许多的偶然性。所以，今天我们也很难说，区块链这条技术路线，是否最终会赢得胜利，抑或与其他技术互相妥协、互相融合。但是，正是由于每条技术路线都感受到了来自市场的巨大压力，从而自身也催生出巨大的发展动力。我们相信，无论最终结果如何，这个世界终将被彻底改变。

感谢在本书写作时，写作团队的热情投入，更感谢伙伴和家人的积极支持与案例分享。

让我们"在公义的道上走，在公平的路中行"。

李　波
2018 年 3 月 16 日于上海陆家嘴

创新时代的探索

"区块链"是这两年产业界和投资界非常热门的一个词，我也一直想编一本关于区块链的书，一方面是跟业界展开关于区块链的探讨和交流；另一方面是希望社会群众能通俗地了解到区块链的发展。

写书，是一件耗时而繁琐的事情，对自身的知识、能力、耐心和见解都是颇高的挑战，同时还需要情怀和机缘。

2018年初，市场开始将想法转变为技术的落地，国家也开始对区块链建立标准，这个"对的时间"来了。

在本书成稿的过程中，感谢多位专家朋友的帮助。从技术的历史进程，到技术的发展愿景，再到应用场景的深度拓展，都给予了很多专业的、独到的见解。这是遇到了"对的人"。

技术领域是一个实时变化的世界，技术在不断地优化升级，经历了互联网千百次的浪潮拍打，区块链技术在全球都接收到了积极的讯号。政府、组织、产业等领域都张开怀抱，拥抱这项新技术。区块链技术被认为是继蒸汽机、电力、互联网之后，下一代颠覆性的核心技术。这就是"对的环境"。

坚持学习和包容的心态，是区块链与产业融合中最需要的情绪。产业需要变革，技术需要落地。本书中大部分都是个人的见解，建立在自己的知识结构和经历上，限于能力和水平，偏颇之处在所难免，希望大家可以不吝赐教。也许三年、五年后再回头来看本书，早已时过境迁，落伍得不行；但是技术不断创新的步伐不会停滞，区块链技术与产业的融合是值得你我共同期待并为之努力的。

"不积跬步，无以至千里"。创新的时代召唤一代又一代的创新者来探索去实践。

屈 林

2018年5月10日于临港

未来已来

——论区块链技术的行业运用

区块链因"比特币"而生，"比特币"们在全球范围内引发的热议，使得专家、学者纷纷探索"比特币"背后的底层技术。区块链是一串技术组合，包括分布式、去中心化、不可篡改、去信任、可编程等等。任何事物都是辩证的，优点与缺点共存共荣，区块链技术也如是。

或许，从互联网的发展史能给区块链的"未来"带来启示。20世纪六七十年代，互联网只是美国国防部的军用网，叫作"ARPAnet"，当时，不同计算机网络是一个个信息孤岛。1974年，BBN开始提供ARPANET上第一个公共包数据服务Telenet。这才将原来的孤岛通连起来，构成现在的Internet。直到1994年，社区才开始直接连入Internet。而从1994年全球互联网使用人数不超过30万，到2018年40亿人，经历了研究时代、争议时代、泡沫时代、高速发展时代及习惯运用时代。

区块链，除了在本书中讨论的某些行业技术革新和现时的混沌，还有更深层的哲学、文化、思想上的内涵。未来，它将改变人类的思维模式！或许我们不懂它背后的运作原理，但是知道它必定会给我们生产、生活、生态带来的改变。就像我们不一定懂上网的技术路径，但是享受着上网带来的各种帮助。

团队联合编写本书之前，国内外关于区块链的书籍已经很多，有探讨数字货币的、有探讨信用社会的、有探讨大数据的、有探讨金融技术的等等，经多次的头脑风暴，李波博士提出了"区块链＋未来"的题目。在历时几个月的时间里，不同职业背景的编委们从自己所从事的行业领域里探索了区块链底层技术对该行业的运用。我们编写本书的目的，并非仅仅是针对大众热议的"区块链"和"比特币"发表自己的观点或者是教育民众，而是真正在思考、研究区块链底层技术对自己所从事行业的影响及今后的运用。

　　最后，希望我们编委这些从技术、运用层面的并非全面的见解能给大家带来更多地讨论；更希望本书的出版，能对推动部分行业应用的落地尽绵薄之力！

陈　晔

2018 年 5 月 18 日

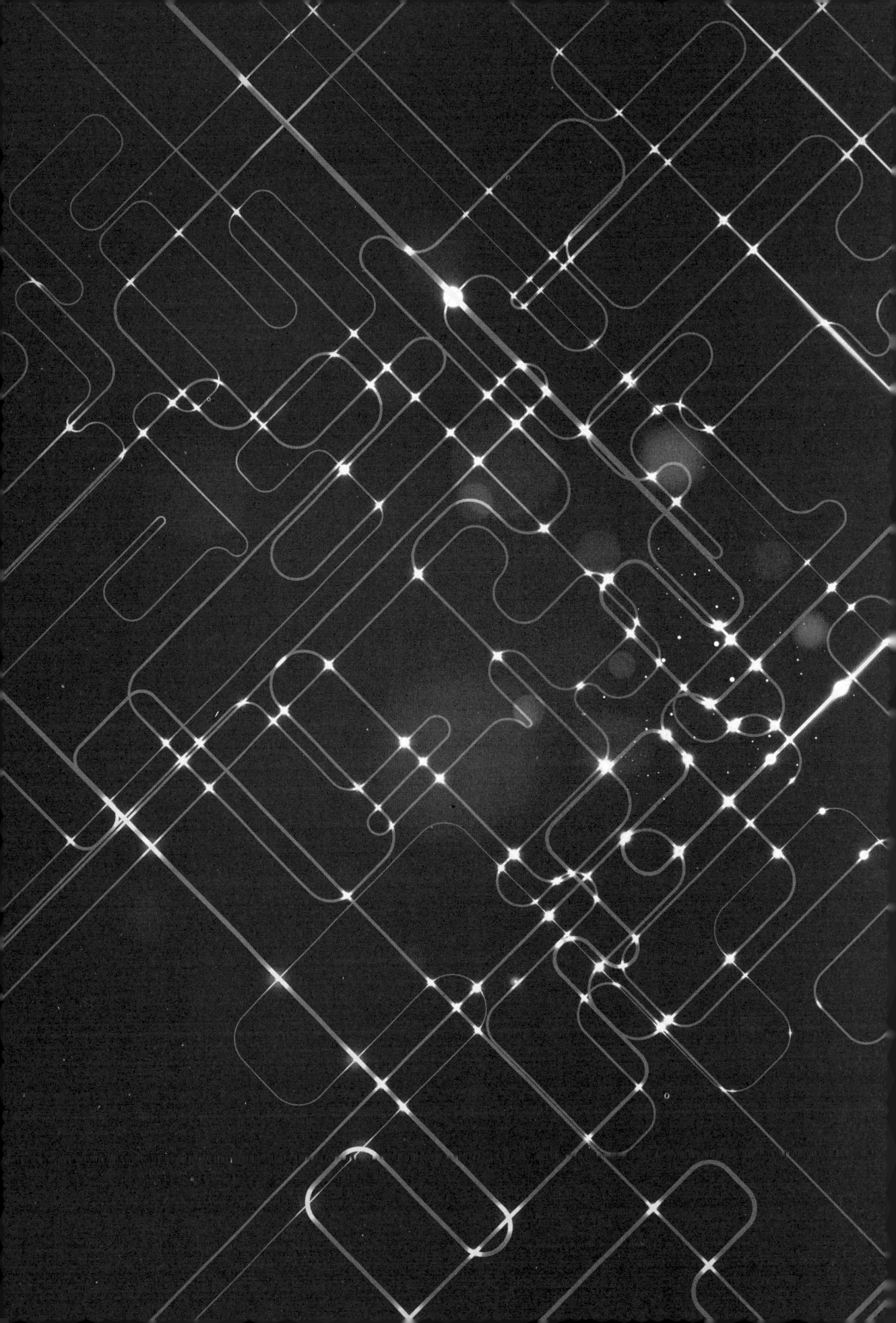

创新技术篇

- 创新巨浪

- 公平价值

- 区块链是技术

- 区块链技术与分类

- 区块链的技术挑战

第 一 章

创 新 巨 浪

第一节 约束与颠覆

　　一切都要从一本账本说起。

　　早些时候，农村一般都会有个账房先生，村里人出个工或者买卖些种子肥料等，都会依靠这个账房先生来记账，大部分情况下其他人也没有查账的习惯，那个账本基本就是这个账房先生保管着，到了年底，村长会根据账本余额购置琐碎物件给村里人发发，一直以来也都是相安无事，谁也没有怀疑账本会有什么问题。账房先生因为承担着替大家记账的任务，因此不用出去干活出工，额外会有些补贴，仅此一点，倒也是让一些人羡慕不已。

　　终于有一天，有个人无意中发现了账房先生的那本账。看了下账面，发现数字不对，最关键的是支出、收入、余额居然不能平衡。对不上，这可不行，立即报告给其他人，结果大家都不干了，这还得了。经过一番讨论，大家决定，轮流来记账，这个月张三，下个月李四，大家轮着来，防止账本被一个人拿在手里。于是，账本的记账权发生了变化。村里的账本由大家轮流来保管记账，一切又相安无事了，直到某一天，李四想要挪用村里的公款，可是他又怕这个事情被后来记账的人发现，怎么办呢？ 李四决定烧掉账本的一部分内容，这样别人就查不出来了，回头只要告诉大家这是不小心碰到蜡烛，别人也没什么办法。

果然出了这个事情以后，大家也无可奈何。可是紧接着，赵六也说不小心碰到了蜡烛；王五说不小心掉进了水里；张三说被狗啃了……终于大家决定坐下来重新讨论这个问题。经过一番争论，大家决定启用一种新的记账方法：每个人都拥有一本自己的账本，任何一个人改动了账本都必须告知其他所有人，其他人会在自己的账本上同样地记上一笔，如果有人发现新改动的账目不对，可以拒绝接受，到了最后，以大多数人都一致的账目表示为准。

果然，使用了这个办法后，很长一段时间内都没有发生过账本问题，即便是有人真的不小心损坏了一部分账本的内容，只要找到其他的人去重新复制一份来就行了。

然而，这种做法还是有问题的。时间长了，有人就偷懒了，不愿意这么麻烦地记账，就希望别人记好账后，自己拿过来核对一下，没问题就直接抄一遍。这下记账记得最勤快的人就有意见了。最终大家开会决定，每天早上掷骰子，根据点数决定谁来记当天的账，其他人只要核对一下，没问题就复制过来。

经历了几次风雨之后，大家终于还是决定共同来记账，这样是比较安全的做法，也不怕账本损坏丢失了。后来大家还决定，每天被掷到要记账的人，能获得一些奖励，从当天的记账总额中划出一定奖励的比例。

实际上，最后大家决定的做法，就是区块链记账方法的雏形了。

一、区块链拥有颠覆世界的能力

区块链是分布式数据存储、点对点传输、共识机制、加密算法等计算机技术的新型应用模式。所谓共识机制是区块链系统中实现不同节点之间建立信任、获取权益的数学算法

首先明确区块链并非是一项全新的技术，无论是分布式的存储、传输协议、加密机制都是独创的，而是通过一种极其精致的方式组合起来，形成了区块链。区块链最重要的特点有三个，也正是这三个特点让区块链拥有了颠覆世界的能力。

第一、去中心化的特性

顾名思义，区块链不需要一个中心化的服务器，所有的信息都以分布式的形式保存在链内的各个节点上，即使一个节点损坏或者被篡改都无法影响整个区块链的运行，也不会发生数据的错乱。

第二、共识机制

之所以区块链上的数据是可信的，共识机制功不可没。由于去中心化的架构，链上任意两个节点之间建立连接不需要信任彼此身份，双方之间进行数据交换也无需互相信任的基础。由于网络中的所有节点都可以扮演"监督者"的身份，因此不用担心欺诈的问题。当一笔交易完成时，区块链上所有节点都会同步这个信息，所以共识机制是建立在分布式架构的基础上，来保证数据的不可篡改性。

第三、智能合约

说区块链＋智能合约之前，我们先明确一下智能合约的含义：一套以数字形式定义的承诺，合约参与方可以在上面执行这些承诺的协议。通俗来讲就是智能合约在一个计算机系统上，当一定条件被满足则可以自动执行合约。那么智能合约一定要在区块链上实现吗？答案是否定的，比如信用卡的自动还款服务就可以被看作是一种智能合约。

那么问题来了，既然传统的计算机技术就可以执行智能合约，那要区块链干什么？原因在于之前提到的去中心化特点和共识机制。我们知道传统的合同要卸载纸上，签字盖章后才能生效，在计算机世界里合约都是写在代码里的，一旦合约价值过高就极有可能被黑客攻击，导致合约被篡改。还是信用卡自动还款的例子，如果将银行这样的机构大家无条件信任，那么同样的服务如果是淘宝上新开的店铺或者是其他网站上呢？那几乎不会有人选择这种服务，中心化的机制使得他们太容易做坏事，而且一旦发生纠纷很难举证。而区块链本身去中心化的架构与过往数据不可篡改的特性，不仅保障了智能合约条款的不可篡改，让智能合约如虎添翼。

未来的互联网将是人与机器共舞的全新世界，需要一种不同于传统人为控制的、完全透明和公平执行的秩序。而区块链技术也不单单是数字加密货币或者金融领域的区块链技术，它将是一种全新的信息网络基础技术，将其与其他新兴信息技术融合可以推动网络的进化和质变，从传统的"传输管道"升级质变为"网络即平台，网络即数据"，"各方中性"地满足和赋予包括人和智慧机器在内的所有个体对"信息"和"信息服务"的自主、对等选择权，这将带来一个更美好的新世界。

二、区块链的创新

工信部之前发布了《中国区块链技术和应用发展白皮书2016》，工信部给区块链技术下的定义是：从广义上讲，区块链技术是人们利用块链式数据结构来验证与存储数据，利用分布式节点公识算法来生成和更新数据，利用密码学的方式保证数据传输和访问的安全，利用由自动化脚本代码所组成的智能合约来编程和操作数据，亦即一种全新的分布式基础架构与计算范式。估计有很多人在读了工信部给区块链技术下的定义后，仍然是一头雾水。实际上，若有人舍得花时间去深入"研究"一番区块链，可能会觉得里面的学问还是蛮多的。当然，对于大多数人而言，你可以不去深究区块链，但你应该对该技术有个初步的了解。

即使到目前仍有很多人不知何为区块链，甚至有一部分人干脆把区块链等同于比特币，而实际上比特币不过是区块链技术的一种呈现方式罢了。区块链是比特币的底层技术和基础架构，区块链并不只能被人们用于比特币上。行业中有些从业者甚至预判：区块链技术是继蒸汽动力、电力技术、信息和网络技术之后，当前最有潜力在全球引发新一轮浪潮的颠覆性技术。在2030年之前，至少会有16个行业被区块链技术颠覆。

1. 网络安全

区块链技术可被专家和工程师们当作一种强大的工具来使用，尤其适用于存在单点故障和中心化漏洞的系统。

2. 供应链管理

什么是供应链？供应链从上游到下游依次是由供应商、制造商、分销商、零售商和（企业或者个人）用户连接成一体的且功能复杂的网链结构。于是，就不难理解，在该网状链中，同时运行着信息流、资金流和实物流，彼此间协同难度其实是相当高的。而人们利用区块链所具有的"去中心化"特点，有可能彻底解决该问题。

3. 银行业

区块链技术在该领域将彻底改变交易的流程、记账并保存的方式，进一步推动银行业降低成本，提高效率。

4. 预测

人们可以运用区块链技术预测市场变化。

5. 网络与物联网

区块链被人们用于物联网，并非空谈。比如，物联网的大数据管理，物联网的安全与透明。

6. 保险

有业者分析，传统保险行业的大数据法则，可能会随科技进步而遭遇更多的不确定性，区块链技术在这个行业中或可有用武之地。

7. 共享经济

腾讯等科技公司正在尝试将区块链技术用于共享出行市场。目前仍不排除有这个可能，即区块链会给共享单车、共享汽车行业带来新的改变。

8. 云存储

这个其实好懂，区块链技术本身可以支持加密数据的分布式存储。

9. 慈善

区块链技术被人们用于慈善，可以极大地促进慈善业更加公开、透明。

10. 投票

区块链技术可被人们用于投票选举，进而促进投票选举流程更公平、公开和透明。

11. 公益行业

互联网文化本身带有平等、开放和互联的基因，这与公益行业的特点相匹配。

12. 房地产

区块链技术可以改变房地产行业的运行模式，合并许多复杂的流程和事例，加快交易的进程。每个参与者都将能在更公开、透明、安全的流程中高效地进行交易。

13. 零售业

区块链技术可以把买家和卖家直接相连，从而剔除中间商及其成本。

14. 医疗

医疗行业当前存在一个很大的问题在于，医院存储数据的方式有安全风险。一旦区块链技术被人们用到医疗行业中，则医疗和健康信息可实现共享，医疗流程更趋透明化，医疗事故责任可追溯等。

15. 能源管理

区块链技术可以推动能源互联网成功落地。

16. 在线音乐

当前，音乐版权被各家音乐平台看得十分重要。拥有更多音乐版权的平台商就可以赢得更多的人群，平台商还会为之在行业中发展得更好。

麦肯锡公司最近向美国联邦保险咨询委员会提交了一份区块链技术报告，报告把 2009—2016 年称为"黑暗时代"，其间所有区块链解决方案都基于比特币，而区块链的新时代将从 2016 年开始，超过 100 种区块链技术解决方案已被探索。

这意味着区块链已经走出了概念性阶段，接下来就将会跨入区块链 3.0 时代，真正融入到我们的生活当中了。那么摆脱概念定义进入 3.0 时代，真正融入到我们的生活中去，并呈井喷式发展的区块链，对当今社会的影响又有多大呢？

澳大利亚 BTL 公司主席 John Joseph Foley 表示，区块链 3.0 时代一旦降临，就将颠覆我们现在所有的认知，我们将跨入一个全新的时代，一个不再有信任危机的时代。

很多人现在对区块链的认识，还停留在字面上，提到区块链，就直接将它和金融领域关联起来。这其实是对区块链的一种误解，区块链其实是能够涵盖多个领域的。只不过相对来说，区块链技术在金融服务行业的应用相对成熟，不过在其他领域，区块链技术同样发挥着不小的作用。世界上已有不少敢于突破的企业使用区块链技术进行了非常创新的商业模式。

1. 艺术行业

Ascribe 让艺术家们可以在使用区块链技术来声明所有权，发行可编号，限量版的作品，可以针对任何类型艺术品的数字形式。它甚至还包括了一个交易市场，艺术家们可以通过他们的网站进行买卖，而无需任何中介服务。

2. 法律行业

BitProof 是一家专门利用区块链技术进行文件验证的公司。在近些年来涌现的众多文档时间戳应用中，它是最为先进的，将会让传统的公证方式成为过去。相对于包括 Blocksgin 和 OriginStaemp 这样的免费版本，BitProof 提供更多的服务，其中还包括针对知识产权的。有趣的是，BitProof 最近和一家旧金山的 IT 学校进行合作，把他们学生的学历证书都放在区块链上，完全重新定义了如何让文凭和学生证书的处理和使用方式。

3. 开发行业

Colu 是首个允许其他企业发行数字资产的企业，他们可以将各种资产来"代币化"，这让许多人影响深刻。尽管免费的比特币钱包 Counerparty 也允许发行简单的代币，并且在其他钱包持有者之间进行交易，Colu 的代币可以设置有各种状态和类型，能够脱离或者重新回到这个系统，并且当在区块链上存储数据过大的时候能够将数据存储在 BitTorrent 的网络上。

4. 房地产行业

他们计划能够让整个产业链流程变得更加现代化，解决每个人在参与房地产面临的各种问题，包括命名过程、土地登记、代理中介等。

Foley 先生说，以目前区块链技术的发展速度来看，五年之内，区块链的发展将会达到一个巅峰，那时候我们就有望进入区块链 3.0 时代。而区块链技术的应用，将可能会涵盖我们生活的方方面面，给我们带来意想不到的便捷和超乎想象的效率。到那时，我们就将从科技时代彻底走向区块链时代。

三、区块链主导的未来生活

我们可以来畅想一下未来区块链技术会怎样影响我们的生活。

二十年后的某一天，M 国总统大选正在如火如荼地进行，你把智能手表调到投票界面，看了下选举人：今年好像没什么有特色的竞选人啊。

李查得。没意思，一个中规中矩的政治家，一直想把世界扭转回中心化的统治下。拜托，我选的总统是为人民服务的，不是来统治人民的。

于是你划到下一个：王大卫。这个人好像挺耳熟，对了，之前好像是做金融的，听说他用区块链技术把之前的银行体系推翻后，帮助大家建立了许多自己的"银行"。听起来感觉不错，但是我对金融不感兴趣，下一个。

看到个有意思的家伙，斯蒂芬·奇，他创造了一系列新的货币，希望能够开创一个新世界。不错，就选这个，反正现在用的是区块链技术投票，投谁都不用怕被"查水表"了。投完票后，你抬头看了下旁边的高楼大厦，广告牌里正在宣传OB——一家利用比特币进行交易的去中心化电商平台。该平台直接将用户与用户连接起来开展交易，OB实现了买卖双方的直接交易，而不需要借助中心化的平台。不同于之前相当于第三方的阿里巴巴，OB可以直接使交易双方在信任的基础上促成交易合作。由于去中心化、无组织管理，这意味着当用户在OB进行交易时，不需要支付额外费用、不会泄露档案、进行的交易也不会被平台审查。前天在OB上买的纪念版比特币卖家说违规销售，不想卖就直接说嘛，OB上卖东西、买东西都是匿名的。

看了下时间，医院挂号马上要到时间了，得抓紧过去。你想起之前爷爷说他年轻的时候去看病，每次看完病都能收到一大堆乱七八糟的医疗短信，那会儿填单子的时候都不敢填自己的真实姓名，就是怕自己的身份信息给泄露出去了。现在有区块链技术提供可行的替代方案，在公开透明的同时也尊重保护了用户的隐私。集中的数据库和文件柜都不再是一个切实可行的选择。过去，由于内部失误，患者机密信息会被泄露。随着时间的推移，通过采用像区块链这样的创新技术，安全性和记录推移将得到改善。

晚上回到家，你通过智能手表发出一个指令，家里所有的东西又开始工作起来。你打开了计算机准备在论坛上逛一逛，论坛上又是一些关于中心化和去中心化的讨论，你与这些人激烈探讨起来，反正论坛也使用了区块链技术，不用担心信息被泄露出去。

以上是对未来世界里一个普通人日常生活的设想。区块链的核心思想是去中心化，在人与人、点与点、端与端之间不相识的时候，可以通过计算机技术（区块链技术）建立信任，节约了大量的成本，提高了办事的效率。区块链的特性是它不会被伪造，信息高度透明。

区块链不仅会重塑货币市场、支付系统、金融服务及经济形态的方方面面，而且会改变人类生活的每个领域。区块链去中心化的特性与整个网络的流动性能将所有人连接在一起，无须中间人或身份信息交流中心的参与就可以实现所有权和信息的处理；提供了一种通用技术和全球化的解决方案，自动化地实现物理资源和人力资源的分配，解放了过去由人力来完成的各种协调和确认。也许以后，所有人类活动都可以通过区块链来协调。

第二节　信用不昂贵

一、商品交换的发展伴随着支付方式的变化

人类发展的历程都伴随着商品的交换，自早期人类的物物交换，到由一般等价物充当交换媒介，用金属块来衡量商品的价值。后来发现人与人之间想要建立起信用远远不如直接瞄定稀有资源可靠，金银由于本身作为自然资源的稀缺性，一直被用来当做货币的信用标的。金银作为货币的观念伴随着可切割熔铸的金属货币的使用而被人们广泛接受。后演变成通过金银交易，再到后来的货币交易，进而演变成各种支付方式的交易。

二战之后，布雷顿森林体系建立，美元对等黄金，美元成为了全球货币的定价货币，从而建立了美元信用。1973 年 2 月美元进一步贬值，世界各主要货币由于受投机商冲击被迫实行浮动汇率制，美元宣布与黄金的脱钩，至此布雷顿森林体系完全崩溃，从此美元只能以美国的国家信用作为保障。2008 年，美国遭遇金融

危机时没有维持国家信用稳定，反而是采取量化宽松政策，大量超发货币，导致金融危机迅速向全球蔓延，2011 年美元与黄金的反比例走向状况成为常态，导致美元信用大跌。

二、经济关系的核心是信用

经济的核心无疑就是"信用"的建立。从最原始的商品经济是以物换物，到后面的币物交换，都离不开信用的支撑，人民都习惯于熟人之间进行交易，就是因为熟悉的人之间有了信任的基础。两个天各一方互不相识的陌生人，他们之所以敢于交易，正是发达的信用中介在起作用。跨国结算中心、银行和互联网，他们是商业世界的信用中心，他们可以连接无数的陌生人，引导着大量的线上交易。

信用是维持人类社会的重要基础，尤其在各种交易领域，没有信任，交易就不可能达成。不信任的人之间交易产生的成本太高，假如你带着大量商品去交易，如果交易没有成功，运输过程的损耗以及人力物力的投入，不仅使得交易成本提高，还要面临很高的风险。随着经济的快速发展，跨区域、跨国界的交易成为常态，人们喜欢在彼此信任的载体上进行交易，比如亚马逊、淘宝之类的平台，这就使得交易变得便捷。

人类社会为此建立很多组织以保证信用，比如银行、货币交易机构、警署、法院等。而在互联网时代，一些电商平台作为第三方也是在提供信任的保证，比如淘宝，商家和客户在平台上进行买卖，客户把钱先打给淘宝方，经确认收货后再有淘宝方把钱打给商家，其实平台就承担着信任担保的功能。平台承担着巨大的信用价值。这些信任中介也从中获得很大的利益。

2003 年淘宝的出现促使阿里巴巴需要搭建一个信任中介平台，支付宝随之诞生来确保交易完成。就像我们把钱存到银行，如果没有政府对银行的认可，我们是不敢把钱存到银行的。银行就是一个信任的保证。同样当我们拿着企业的商票，如果没有银行或者授信机构作为信用的中介，我们也是不敢接收的。

现在国内的互联网金融搞得如火如荼，像支付宝、百度钱包、微信支付、京东支付等，都是依靠大数据建立的信用。这些支付手段的出现，都是围绕交易建立信用平台，"信用"是建立在互联网大数据基础上，它让信用建立的成本比传统银行吸储放贷方式的成本下降了很多。

三、大数据的中心化使信用成本提高

中心化支付手段的诞生带来了便捷，也带来了一些弊端，互联网公司的大数据实际形成了数据垄断。多中心化的存在，在一方需要数据时，就需要通过中心化数据传输系统收集各种信息，把这些信息保存在中心服务器中，这会造成信息出错率高且效率低下，使得成本十分高昂。

互联网公司都会提倡互联网的共享、公开、透明理念。然而当大量的数据集中到数据寡头手中，就变成了他们的内部资源。大量的数据集中到少数人手中，无法形成全社会的共享，作为用户个人虽然是大数据的参与者，却无法获得信用资源的主动权，这不但不能降低全球市场信用的成本，反而变成数据掌握者精准营销的武器。

市场上就需要一种新的方法，既要解决大数据的透明共享，又要能够解决所有权归属。

2008 年比特币的诞生让问题的解决变成了可能。中本聪认为信用不能再依靠某个中心建立。过度的中心化就会使信息过度的集中，信息的掌握者会利用中心权力损害参与者的利益、损害市场上其他方利益的情况。所以，中本聪提出来的理念就是：要开创一种不需要第三方的、不需要中介的支付系统，即电子货币的支付系统。

四、区块链解决信任的途径

中本聪提出来的去中心化的概念，就是用一套数学算法确保陌生的个体或者法人之间不借助中介平台的前提下，把一笔交易完成，用一台机器人取代信任中介，从而使金融的交易或者商品的交易能够完成。这就是区块链的最核心东西，区块链被当做信任的工具。

2008 年随着区块链的出现，数字货币也随之诞生，区块链本质上是一个去中心化的分布式账本，其本身是一系列使用密码学而产生的互相关联的数据块，区块链的出现，实际上解决的就是信任问题，这不是口号，而是真实的技术构想。今天的区块链如同 20 世纪 90 年代的互联网，类似于 2000 年前后的移动互联网。

区块链的发展经历了 1.0、2.0、3.0 时代：

区块链 1.0——数字货币

1.0 是最基础的阶段，这个阶段主要体现在数字货币的诞生，数字货币作为一种货币支付系统，可以做到去中心化。

区块链 2.0——数字资产与智能合约

2.0 时代，主要体现在平台应用，可以上传和执行各种智能合约，并且合约的执行更高效，平台与外部的平台系统可以信息交互和处理，从而打通各个行业的互通壁垒。

区块链 3.0——信用资产

3.0 时代就是信用时代，区块链具备透明性和公正性，具有防篡改和防伪功能，通过全网共识和节点记录，使得信用的建立有天然的安全性。人与人之间的合作，不是单纯地取决于产品自身，更多的是出于信任。当信用由全网公开和记录，从而形成更好的信用机制。

区块链 4.0——与实体结合的运用阶段

由区块链的区块链自洽组织到区块链自洽公司再到区块链大社会：区块链+医疗；区块链+物流；区块链+教育；区块链+人工智能；区块链+金融；区块链+保险；区块链+艺术品。

比特币白皮书明确地提出：开创一种不需要第三方的、不需要中介的电子货币的支付系统。但这首先要解决资产所有权唯一性的问题，即不能重复支付。在此之前，很多人也尝试建立电子支付系统，类似"各种游戏币"，一旦发币公司垮了，游戏币会一文不值。但中本聪宣提出的这个 Point to Point 电子支付系统不设置任何中心，无须三方，并且他提出了"时间戳"的概念。"时间戳"就像一个合同盖章一样，对区块上链的标的盖一个"网络时间戳"，相当于一个证明。即在某个时间点合同生成，当出现纠纷的时候，可以把这个合同拿出来作为证据，保证己方的利益。

数字币的每笔交易，都盖了"时间戳"，这样同一笔资产就不能二次支付。如果有人重复支付，那么时间上就会不一致，系统会自动识别标记为非法交易。唯一的合法交易只能是盖了"时间戳"的那笔，这就成功解决了重复支付的问题。关键问题来了，这个时间戳谁来盖？于是就设计了"矿工"这个岗位，并对矿工实现有偿记账，矿工每 10 分钟给全网的每一笔交易盖"时间戳"。矿工通过竞争得到一段时间内（约 10 分钟）的唯一合法记账权，获胜者就可以获得一定数量比特币的奖励，同时，全网其他矿工须通过同步功能与这个记账账目保持一致，然后竞争下一个区块记账权。最初，这个奖励是 50 个比特币。按照规则设定，每四年减半一次。

未来的信用是建立在区块链的数据上，区块链会成为全球金融的基础架构，这是未来的信用根基。

区块链就是通过全网分布记账，自由公证，建立了一个共识数据库，这就是未来信用的数据大厦。

目前我们所持有的证件，只是在某些被认可的区域有效，一旦跨区域或者跨国就不能得到认可。整个传统的信用执行系统成本非常高。这些成本都摊在了我们每个人的头上。那么，如果你的信息被上到链上，有链网上的矿工为你证明，几乎无法作假，除非你的计算力超过全网的 51％（这个几乎不可能的）。造价的成本高达几亿甚至几十亿，违规的成本如此之高，大家就都不想作假了。

五、区块链带来的信任革命

区块链通过各个节点的分散证明，参与者按照约定的规则在链上执行相应的合约，打破第三方信用中介的垄断，由交易历史、参与者在区块链上共同记录来形成信用。区块链有如下优点使得信用得到有力的保证。

1. 去中心化

由于使用分布式核算和存储，不存在中心化的硬件或管理机构，任意节点的权利和义务都是均等的，系统中的数据块由整个系统中具有维护功能的节点来共同维护。传统的交易都依赖于彼此信任的第三方进行支持，区块链则是打破第三方的介入，直接由交易的双方相互转账，减少三方的参与成本，使得交易流程更加简单化，让交易变得更加自由。

2. 信息不可篡改

一旦信息经过验证并添加至区块链，就会被永久地存储起来，区块链可以完整、"不可篡改"地记录价值转移的全过程，除非能够同时控制住系统中超过51%的节点，否则单个节点上对数据库的修改是无效的，这使得账本证明交易记录具有唯一性，因此区块链的数据稳定性和可靠性极高。

3. 点对点交易

点对点交易拥有较佳的并行处理能力。所有成员通过点对点参与监督、控制、记录，包括地址、链、公钥、私钥、摘要等几乎所有数据记录的要素，使得信用具有连通性。所有的节点全网同步，也防止了被篡改和控制，从而提高交易效率，使得交易规模化成为可能。

4. 程序的自动执行

将约定的规则由编程固化在代码中，由系统自动判别各节点执行合约的条件和须履行的义务，自动执行满足条件时的预定事项，在没有中心机构的监督下保证合约有序执行。例如，把合约规定执行的条件转换为区块链中的编码，当触发条件时，智能合约会被自动执行，避免了人工干预。

5. 匿名性

区块链节点之间的交换遵循固定的算法，使得整个系统中的所有节点都能够在去信任的环境下自由而安全地交换数据，因此交易对手无须通过公开身份的方式让对方自己产生信任，对信用的累积非常有帮助。对"人"的信任变成了对机器的信任，使得少数节点对区块链的干预不起作用。

6. 开放性

系统是开放的，除了交易各方的私有信息被加密外，区块链的数据对所有人公开，任何人都可以通过公开的接口查询区块链数据和开发相关应用，因此整个系统信息高度透明。

区块链这么火爆，是因为它解决了一个互联网没有解决的问题，这个问题就是如何在陌生的网络环境以低成本建立和维护信任。传统互联网上信任建立和维护一般依靠成本高昂的第三方中介机构。而中心化机构除了成本高的缺点外，还存在着单点故障、性能瓶颈和难以保持独立、客观性等缺点。因此，区块链技术可以满足在陌生环境中交易的需求，特别是多方交易场景中，包括支付、结算、清算等需求。

毋庸置疑，当前社会存在着深刻的"诚信危机"。各种诈骗、造假在互联网上司空见惯，既毒化了社会风气，也给普罗大众的利益带来很大损害。因此，互联网上信用和诚信体系亟需重建，而区块链技术的防伪、防篡改，能在陌生环境建立信任的机制正是解决信用和诚信危机的一剂良药，是重建我们社会的信用和诚信体系的最大希望。区块链的存在，使得信用不再昂贵。

区块链技术应用场景会非常广阔。除目前的数字货币，还有权益证明、征信系统、保险系统、教育系统、专利系统、商业票据等，这些领域似乎都可以实现区块链的应用。他们数字化程度最高，提供的是信用服务。确保信息真实、安全和稳定，正是这些行业的需求。区块链变成了"信用机器"，它通过技术手段帮助人们降低信任成本，确保信息安全，这正是区块链的初心。

第 二 章

公平价值

第一节 多中心化下的公平

在本小节开始前，我们得先知道，去中心化是与中心化相对的一个概念，简单地说中心化的意思，是中心决定节点。节点必须依赖中心，节点离开了中心就无法生存。去中心化恰恰相反，在一个分布有众多节点的系统中，每个节点都具有高度自治的特征，每一个节点都是一个"小中心"。

随着网络服务形态的多元化，去中心化网络模型越来越清晰，也越来越成为可能。本小节从互联网的发展阶段、去中心化的优势，以及对去中心化趋势的预测等角度，解释了多中心化的公平。

一、互联网的前两个阶段

在互联网的第一个时代——也就是 20 世纪 80 年代到 21 世纪初，互联网服务建立在互联网社区控制的开放协议上。当了解到互联网固定的规则后，用户和组织就增加了他们在互联网中的存在感。同时期，包括雅虎、谷歌、亚马逊、Facebook、LinkedIn 和 YouTube 在内的大公司都建立了大量的网络资产。在这个过程中，像 AOL 这样的集中式平台的重要性大大降低了。

在互联网的第二个时代，即从 21 世纪初到现在，盈利的科技公司中最有名的几家：谷歌（Google）、苹果（Apple）、脸书（Facebook）、亚马逊（Amazon），即 GAFA，构建了快速超越开放协议功能的软件和服务。智能手机的爆炸式增长加速了这一趋势，移动应用成为了大众使用互联网的主要方式。最终，用户从开放式服务迁移到这些更复杂的集中式服务上。即使用户仍然会用开放协议访问网络，他们也多半会通过 GAFA 四家公司提供的软件和服务进行访问。

这么做的好处是，通过出色的技术让数十亿人获得了非常好的体验，而且其中多数应用都可以免费使用。坏处是，初创公司、创业者和其他组织想在互联网领域分一杯羹就变得非常困难，当然这种集中式平台并不会带走他们的用户和利润。这一事实反过来又扼杀了创新趋势，使互联网不再那么有趣和活跃了。中心化系统也会造成社会紧张关系的普遍化，包括假新闻、系统机器人、没有用户言论自由的平台、欧盟隐私法和算法偏见等等。这些具有争议的情形在未来几年将会加剧。

二、互联网第三阶段：Web3

中心化系统的用途之一就是有利于政府对大型互联网公司施加监管。这样的监管建立在新出现的网络和过去的通信网络（电话、广播和电视网络等）非常相似的基础上。但事实上，基于硬件的通信网络与新出现的基于软件的网络有本质上的不同。基于硬件的网络一旦建立，几乎无法重新架构，而基于软件的网络可以通过企业创新和市场力量进行重新架构。

互联网是基于软件的高级网络，其核心层相对简单，由数十亿个完全可编程的计算机组成。软件只是将人类思维进行编码，因此具有几乎无限的设计空间。连接到互联网的计算机都可以自由运行用户选择的软件。任何你想要表达的内容，加上正确的激励措施，都可以通过互联网迅速传播。所以说，互联网就是技术创新和设计碰撞产生火花的地方。

互联网仍处于发展初期：互联网核心服务在未来几十年内将进行重新架构。

这一点将会通过加密经济网络（Crypto-economic Networks）实现。这种网络最开始在比特币中初步形成，通过以太坊的出现得到了进一步的发展。加密网络结合了互联网前两个时代的最佳特性：由社区管理的网络以及去中心化的分布式网络。最终，新型网络的功能将超过眼下最先进的中心化互联网服务。

三、为什么要去中心化？

通常，大众对去中心化这一概念存在着广泛的误解。例如有时会说，加密网络主张去中心化的原因是为了抵制政府审查，或者是因为自由主义的政治观点，然而这并不是去中心化这一概念为何如此重要的主要原因。

我们先来看看中心化平台的问题。这样的平台遵循着可预测的生命周期。最开始，互联网创业公司会尽其所能吸引用户和第三方人员，比如开发人员、企业和媒体组织，通过这种方式让他们的服务更有价值，因为"平台"的定义是具有多边网络效应的系统。随着平台影响力的扩大，这些平台对用户和第三方的掌控力也稳步增长。

当互联网创业公司的影响力到达顶端时，他们与媒体、开发者等参与者的关系将从正和变为零和。最容易让公司继续升值的方法是从用户那里收集数据，并与竞争对手争夺潜在用户和利润。历史上曾有不少这样的先例，比如微软与 Netscape，谷歌与 Yelp，Facebook 与 Zynga，以及 Twitter 与其第三方客户端。像 iOS 和 Android 这样的操作系统表现较好，虽然使用某些 Apps 仍需要支付 30％的税费，但应用商店有权下架部分第三方的 Apps，监管方面有绝对的话语权。

对于第三方来说，这种从合作到竞争的转变像是一场骗局。随着时间的推移，最优秀的企业家、开发商和投资者在中心化的平台上构建自己的网络时变得小心翼翼。现在数十年的证据已经表明，基于中心化的平台网络会以失望告终。另外，用户放弃隐私，下放私人数据的控制权，很容易受到来自安全漏洞的攻击。在未来，中心化平台的这些问题将更加明显。

四、进入加密网络时代

加密网络是建立在互联网基础上的网络，它具有两个特点，其一，加密网络使用诸如区块链的共识机制来维持和更新状态；其二，加密网络使用加密货币（比如 Coins 或者 Tokens）去激励分享共识的参与者（比如矿工/验证者）。以太坊等加密网络，就是一个通用的程序编写平台，可以开发各种用途的分布式应用。其他加密网络就有一些特殊用途，例如比特币主要用于电子储值，Golem 用于执行计算，Filecoin 用于分布式文件存储等。

早期的互联网协议是由专门的团队或非营利组织创建的技术规范，而他们的生存则依靠互联网社区中的利益协调。这种方法在互联网的早期阶段运行良好，但从 20 世纪 90 年代初以来，很少有新协议能够以上述方式进行普及。加密网络通过以令牌（Token）形式向开发者，维护者和其他网络参与者提供经济激励，从而解决这些问题。加密网络在技术上也更加强大。例如，他们能够保持某种状态并对该状态进行任意转换，这是过去的网络协议无法做到的。

加密网络使用多种机制来确保它们在增长时保持中立，防止中心化平台的骗局。首先，加密网络和参与者之间的合同通过执行开源代码完成；其次，他们通过"退出—呼吁"机制（Voice and Exit）进行网络检查。一方面，参与者通过社区治理获得呼吁，既可以是"链上"（通过协议）也可以是"链下"（通过协议周围的社会结构）；另一方面，参与者可以通过离开网络并出售他们的货币退出，或者在极端情况下通过分叉协议退出。

简而言之，加密网络让网络参与者一起努力实现共同目标—网络的扩大和令牌（Token）的升值。这种一致性是比特币无视质疑一直保持繁荣的主要原因之一，像以太坊这样的新型加密网络都随其有了一定的发展。

如今的加密网络因对中心化网络产生过大的威胁而受到限制。其中最严重的包括对加密网络性能和可扩展性的限制。未来几年加密网络的发展主要是减少或者消除这些限制，并且构建组成加密堆栈基础结构层的网络。再往后，加密网络的主要任务将会是在这样的平台上建立应用程序。

五、去中心化的优势

说去中心化的网络会占据市场是一回事，如何占据市场就是另一回事了。

软件和 Web 服务是由开发人员构建的。世界上有几百万的高级开发者，但是他们当中只有小部分在大型 IT 企业工作，还有小部分专注于研发新产品。历史上许多最重要的软件项目都是由创业公司或独立开发者社区创建的。

"无论你是谁，大多数最聪明的人都会为别人工作。"

——Bill Joy

去中心化网络可以赢得互联网的第三个时代，这与互联网当时胜出的原因是一致的：赢得企业家和开发者的热情和想法。

在本世纪初，维基百科与 Encarta 等对手之间的竞争可以说明问题。在 21 世纪初，如果你比较这两种产品，Encarta 其实做得更好，因为它主题覆盖范围更广，准确性更高。但维基百科改善的速度更快，因为它有活跃的志愿者贡献者社区。这些志愿者被这种分散的、去中心化的社区管理精神所吸引。到 2005 年，维基百科是互联网上最受欢迎的参考网站。Encarta 网站于 2009 年关闭。

从这个案例中得到的教训是，当比较中心化的和去中心化的系统时，需要将它们看作一个动态过程，而不是静态、生硬的产品。中心化的系统通常在开始的时候表现良好，但它改善的速度完全取决于所属公司的员工。相比之下，去中心化的系统虽然开始不完善，但在适当的条件下，它们的特点会吸引大量新的贡献者，产品的表现也就会成倍增长。

加密网络中存在多个涉及各方人员的复合反馈回路，包括核心协议开发者，互补加密网络的开发者，第三方的应用开发者以及运营网络的服务提供商。这些反馈回路通过相关令牌（Token）的激励进一步放大，正如我们在比特币和以太坊所看到的那样——可以提高加密社区发展的速度（不过有时会导致负面结果，比如挖比特币将消耗大量电力资源）。

去中心化或中心化系统是否会赢得互联网下个时代，其实可以归结为谁将构建最具吸引力的产品，简单来说就是谁能够获得更多高质量的开发人员和企业家。GAFA四家公司有许多优势，包括现金储备、庞大的用户基础和运营基础设施。加密网络对开发人员和企业家在价值主张方面更具吸引力。如果加密网络能够赢得开发人员和企业家的青睐，他们将会调动比GAFA更多的资源，并在产品开发上迅速超过GAFA。

　　如果你在1989年问人们为了改善自己的生活需要什么东西，那他们不可能说使用超文本链接访问去中心化网络的信息节点。

——Farmer & Farmer

　　中心化的平台通常会在推出应用程序时捆绑销售其他产品：Facebook具有其核心社交功能，iPhone拥有许多关键应用程序。相比之下，去中心化的平台通常开发出不完整且用途不明确的应用案例。因此，这些案例需要经历产品与市场相适应的两个阶段：（一）平台与开发人员或企业家之间的产品市场匹配，他们将共同构建生态系统，完成平台搭建；（二）产品市场在平台本身和终端用户之间的匹配。

　　这两个阶段过程导致许多人——包括很有经验的技术人员——低估了去中心化平台的潜力。

六、互联网的下一时代

　　去中心化网络并不是一个能够解决互联网上所有问题的万能灵药。但是，它们可以提供比中心化系统解决问题更好的方法。

　　我们可以比较一下垃圾推文和垃圾邮件的问题。自从Twitter关闭了第三方开发者的入口后，唯一能向用户发送垃圾推文的公司其实一直是Twitter本身。相比之下，有数百家企业试图通过数十亿美元的风险投资和企业融资致力于开发过滤垃圾邮件的业务。虽然过滤垃圾邮件尚未解决，但现在的情况已经有所改善，因为第三方开发者知道电子邮件协议是去中心化的，所以他们可以在此基础上建立业务，而不用担心后期这些规则会改变。

或者我们也可以考虑网络治理问题。如今，决定信息排名和过滤的往往是大型平台上那些员工们，例如哪些用户该升级，哪些用户该禁止，以及其他重要的治理决策。在加密网络上，这些决策由社区制定，并且使用完全公开和透明的机制。

中心化平台长时间地占据着主导地位，以至于许多人忘记了建立互联网服务还有更好的方法。加密网络是一种以社区为主导的强大网络，还为第三方开发人员、创业者和企业提供了一个公平的竞争环境。在互联网的第一个时代，我们看到了去中心化系统的价值。希望在互联网的下一个时代，我们会再次遇见它。

第二节　传递价值

互联网传播信息，区块链传递价值。

具体是什么"价值"呢？ 网络的游戏很好玩，难道传递的不是快乐价值吗？ 非得用区块链才能玩游戏吗？ 带着这些疑问，我们来一一解读。

想进入区块链行业的人，一定不要为了做区块链而做区块链。我们在孵化项目的时候，首先会问项目团队，为什么要这么做？ 你现在的项目是不是离了区块链就不行，是不是非得用区块链技术？ 你能不能说服自己？ 如果你说服不了自己，那就不要做。

那首先就得了解区块链的特质。区块链的特质：

1. 提升透明度：每个节点都有相同的副本，因此数据公开透明。

2. 精确追踪：区块链上的链式结构数据完整。

3. 长期保存：极高冗余。

4. 降低成本：无需中介便可以极大降低管理成本。

5. 提升效率：无中介，自动执行，将极大提高效率。

6. 不可篡改：除非同时控制大部分节点，否则无法篡改数据。

通过学习区块链知识，我们就熟知区块链在未来的应用，但具体落地还需要时间。

区块链最容易改变的行业，当然是金融领域，因为钱，作为价值媒介，最容易得到理解。下面将以我的经历来说明区块链是天然的价值传递媒介。

笔者作为金融老兵，有多年金融行业工作经验，对于刚刚进入区块链的小白，有机会可以去了解区块链，将可搜索到的很多信息，运用到工作中，比如：我是中国银行授信执行团队欺诈侦测部门的小小一分子，当我了解到区块链的特质并连接到我的部门，改变是可行而必须的。

银行有个岗位是审核，会审核每位中国银行持卡人的卡片交易情况，所以持卡人的生日、地址、单位，以及在哪里用卡都可以实时看到，所以会有保密协议的存在。当然这对银行每位员工的素质要求比较严格。我做的是判断是否是持卡人本人使用，若出现风险第一时间做出冻结处理，比较常见的就是短时间跨国交易。比如：持卡人明明在国内，却出现了欧洲地区、美国地区、加拿大地区的交易，这可能会有商户套现洗钱等行为。所以针对目前存在的问题，加上我了解的区块链特质，它有可能可以往这个方面发展落地。

再说区块链的"去中心化"。

未来我们在完成一笔交易的时候，不再需要第三方，这个第三方就是一个中心。

经济活动需要有一个组织，我们有这么多的公司，可能大部分来自于各种各样的商业机构、商业组织，但是在区块链上所从事的所有经济活动，不再需要像"公司"的这种制度，不再需要这样一个组织，不再需要这样一个我们熟悉的商业机构，来帮助我们完成经济交换活动，完成各种形形色色的交易。

去中心化并不是取代市场和政府，而是可以互助。银行需要有一整套的人员、模型、机构、过程来辨别你金融服务的请求是不是应该得到允许，是不是可以让你完成。区块链没有这些东西，它有的是一套数学算法，建立了一套网络上的规则，依照这套规则做，那么坏人不可能在上面作恶，因为不依照这套算法去做，就不可能实现你想要达到的目的。回归到我的工作，假如出现一整套算法，就不需要我来审核了，谁伪造了卡，又具体在哪里刷了卡，扣了款，一目了然，因为不可篡改呀。那损失的款项，还需要去客服那里争议吗？那简直很浪费时间的一件事情。

如果银行来辨别一个人的金融服务的请求，你服务一个人和一万个人的边际成本一定是增加的。那么我们的区块链特质又得以体现了。

为什么我目前还不会失业，因为公有区块链是一个完全去中心、去中介的组织。对我们现有的商业体系来说，比如说现有的银行业，是不大可能直接用区块链来改造我们现有系统的，因为我们不可能是一个完全去中心化的机构，我们也不可能接受由一个系统自动发行，而不是由央行发行的货币。

在中心化与去中心化模式之间须找到平衡点，用机制设计完善生态。

目前为止，真正的区块链3.0的系统还没有哪个真正上线，但是至少支持每秒1万笔或者每秒10万笔的系统开始有了。大多数的网络并不需要每秒10万笔，像Visa这样的全球支付网络，也没有到过每秒10万笔，支付宝也只是"双十一"促销这几天会达到每秒20多万笔。我记得我审核商户的时候一个小时才几百笔，尴尬了。

再说下去，像银行这种审核岗位估计要失业了。

说回区块链，我首先知道它的运用第一个阶段是关于比特币，后来是以太坊等。我重点想说一下ICO，通过发行加密货币的方式进行融资。不是任何项目都可以ICO的。为什么会有那么多空气币的产生？为什么会良莠不齐？比如学币，发行一种学币，用公司分股权的方式去做，这可能不是ICO，而是证券的一种。所以，须防止区块链"乱象"影响价值传递，还须监管。也许之后可能会有更好的方式，但目前还需一定时间。全球协作我很期待。

举个很务实的一个例子，比如你和你朋友正在吃饭，突然想吃鸭子，吃哪只鸭子呢？这时我们通过这个技术可以明确地看看后院当中养的鸭是哪只，并且把它"预订"下来。运用互联网技术并把它串联，因为区块链的本质是信用机制，相信运用的话会更加美好。

区块链由价值互联网到秩序互联网。也就是秩序共识，什么叫秩序？ 秩序如何实现？ 我个人认为应该首先从自我管理开始，比如媒体不要为了博眼球而失去内容判断力，比如交易所的市值管理要自律等等。总之请记住，如果你一个人不自律，整个行业的自律将无处可寻。我们应该不断地学习新的知识，应该学会自律。说到底，区块链是一个工具，真正达到秩序和谐需要靠自律。

在这个时代，不管牛市还是熊市，总有人赚钱，也总有人被割韭菜。 区块链的发展处于初期阶段，还需要每个人的不断努力，用真心去做事。不懂技术，那就请专业的技术团队去做。2018 年，基础链的价值传递将一直持续。

很多人不能像专业人士一样全身心地投入到区块链的生态建设中来，但可以增强学习能力和操作能力，积极学习区块链知识，可以通过写作、演讲、读书等方式，不断丰富自己。既然它最早的应用是在金融领域，那么我们可以多读些金融方面的书籍，积极关注它的发展。希望不久的将来，就会转角遇到"区块链"。

互联网的上半场，主要功能是从信息传播到构建生活互联网。

互联网的下半场，让价值传递起来，从而构建一个有秩序的信用社会。

第 三 章

区块链是技术

第一节　区块链基础

一、什么是区块链

区块链本质上是一个分布式账本技术。如果以数学函数来类比的话，我们可以将分布式网络、共识机制、去中心化、加密算法、智能合约、权限许可、价值和资产等要素理解为函数中的变量或因子。这些变量和因子的有机组合形成了区块链有别于传统技术的一些新的技术特征。在对区块链进行更加深入的技术解读前，我们需要先对区块链中的一些核心概念进行梳理。

二、区块链是一个动态的对点网络

与传统的中心化集中式架构相比，区块链弱化了中央服务器的概念。各个节点不再区分服务器和客户端的关系，每个节点既可请求服务也可提供服务，各个节点可以直接交换资源，而不再需要通过服务器的桥接，用户与用户之间可以实现资源的直接分享与利用。在区块链分布式网络中，所有有节点的地位都是同等的。一笔刚通过验证且被传递到区块链网络中任意节点的交易会被发送到周边的相邻节点，而每一个相邻节点又会将交易发送到其他的相邻节点。以此类推，在短时间之内，一笔有效的交易就会传播到网络中的各个角落，直到所有连接到网络的节点都接收到它。

区块链也是一个动态的网络，不断有新节点的加入和原区块链网络中节点的退出。新节点的不断加入为系统引入新的资源，整个网络由此得以构建和发展，资源的丰富性与多样性随之扩充，点对点网络的分散性、健壮性、可用性与整体性能也将随着节点的数量增加而增强。

三、区块链是一个分布式账本

在桃花岛上，由黄老邪一人记账的时期，整座岛上只有本账本来对所有的信息进行记录。改变记账模式后，岛上的每户人家都拥有一本账本，这就相当于区块链这个分布式的公共账本。

区块链推翻了传统的记账模式。与传统记账模式不同，区块链中的交易信息不再由单个机构来记录，而是由其中的每一个节点共同参与记账。在这个分布式网络上，每个节点都有账本的完整备份。如果有人想篡改账本上的记录，他必须改动各节点存储的账本备份，这就使篡改账本记录的行为难以实现。

四、区块链用哈希算法实现信息的不可篡改

随着新交易的不断产生，每家每户账本里记录的交易信息也快速增长，越来越多的记录信息页会保存到信箱中。类似的，在区块链中，一个又一个新产生的区块会不断链接到现有区块链的尾端。如何能够保证这个记录信息页的每一页，以及区块链账本中的每一个区块都是真实准确、没有被篡改过的呢？

设想一下，如果我们通过一种算法对账本信息进行加密，给区块链上第一个区块打上一个唯一的标签，之后的每一个区块也通过加密后打上一个唯一标签，

同时又能够包含前一个区块链的标签。这时，只要采用一种方法保证这个标签无法被轻易地替换更改，那么就能保证这个区块记录的信息没有被篡改过。

哈希算法就是上面提到的区块链中保证交易信息不可篡改的单向密码体制。该算法的思想是接收一段明文，以一种不可逆的方式将它转化成一段长度较短、位数固定的输出散列。这个加密过程是不可逆的，这就意味着无法通过输出散列的内容推断出任何与原文有关的信息。任何输入信息的变化，哪怕仅仅是一位数字的更改，都将导致散列结果的明显变化。基于输出散列与输入原文一一对应的特性，哈希算法可以被用于验证信息是否被修改。通过哈希算法可对一个交易区块的所有交易信息进行加密，并把记账内容压缩成一串数字和字母组成的字符串，这个字符串无法反推出原来的内容。区块链的哈希值可以唯一、准确地标识一个区块，并且任何节点通过简单地对区块头进行哈希计算都可以独立地获取该区块哈希值。如果想要确认区块的内容是否被篡改，那么利用哈希算法法重新进行计算，记账信息没有变化，计算出的哈希值也将不会产生变化。

在区块链中，通常使用SHA-256的哈希算法进行区块的加密，该算法的输出长度为256位，即生成长度为32字节的随机散列。

五、区块链用公钥、私钥来标识身份

在区块链中，信息的传播按照公钥加私钥的方式进行。公钥相当于每家每户居民的信箱地址，当别人获知你的公钥时，可以与你通信。相应地，私钥相当于信箱的钥匙，只有拥有私钥的人才能查看信箱中的信件信息。在区块链中，数字签名可以用于验证信息发送者的身份，用户可以公布自己的公钥，然后发送可以被公钥所验证的、已经通过私钥加密过的信息。如果信息的接收者能够使用公钥解密加密过的信息，即可证明这条信息发送者的身份属实。上述过程可这样来表示：区块链中有两个用户 Aice 和 Bob，Alice 想让 Bob 知道自己是真实的 Alice，而不是他人冒充的。Alice 只需要使用私钥对文件签名并发送给 Bob，Bob 使用 Alice 的公钥对文件进行签名验证，如果验证成功，则该文件一定是使用 Alice 的私钥加密的。由于 Alice 的私钥只由 Alice 一人持有，Bob 就可以确定文件的发送者正是Alice本人。

此外，公钥与私钥还可以保证分布式网络中点对点信息传递的安全。我们不妨假想这样一个情形：Alice 想在分布式网络中发送一封情书给 Bob。但由于分布式网络的信息传递特性，这封情书将被发送至每一个用户手中。Alice 不希望情书的内容被其他用户看到，因此 Alice 使用 Bob 的公钥对情书进行加密。网络中除 Bob 外的其他用户接收到这封经过加密的情书，看到的只是一段密文。只有 Bob 可以使用自己的私钥对密文进行解密，得到一份情书的明文。通过这个加密与解密的过程，Alice 与 Bob 之间实现了点对点的数据传递。

在区块链的信息传递过程中，信息传递双方的公私钥加密与解密往往是成对出现的，即信息发送方使用私钥对信息签名、使用信息接收方公钥对信息加密，信息接收方使用对方公钥验证信息发送方的身份、使用私钥对加密信息解密。

六、区块链用 Merkle 树结构简化验证程序

Merkle 树是区块链的基本组成部分，Merkle 树的叶子节点存储的是数据文件的哈希值，非叶子节点存储的是对其下面所有的叶子节点值的组合结果进行哈希计算后得出的哈希值。区块链利用用 Merkle 树这种数据结构存放所有叶子节点的哈希值，并以此为基础生成一个统一的哈希值。区块中的任何一笔交易的发生和交易信息的变动都会使 Merkle 树发生改变。在交易信息的处理、比对及验证的过程中，尤其是在分布式环境下进行比对或验证时，Merkle 树会大大减少数据的传输量和计算的复杂度。

七、区块链为每一笔交易盖上时间戳

举个例子来说明：桃花岛的黄老邪在传授记账方法时，要求居民将发生在桃花岛上的每一笔交易都记录下来，并且要求他们将交易发生的时间也一并记录在账本上，这就相当于区块链为每一笔交易在发生时盖上了时间戳。在区块链中，时间戳的应用是对每一次交易记录的认证，它就像交易合同公证一样，能够显示交易记录的真实性。时间戳作为区块元数据的一部分，具有天然的时间特性。从某种意义上

讲，区块链的本质可以被理解为构造了一个永不停息、无坚不摧的时间戳系统。在现实经济交易中，常常会出现信息欺诈等虚假交易现象。为了减少这些不法行为给交易中诚实守信的一方带来的损失，人们通常会寻求有公信力的第三方机构对交易进行核验。区块链通过时间戳来保证分布式账本的唯一性，避免双花问题的产生。时间戳从区块生成的一刻起就存在于区块之中，它扮演了区块链中的公证人的角色。与现有的公证机制相比，基于时间戳的公证系统更为经济，并且完全可信。

区块链中的时间戳比传统的公证制度更为可信，是因为时间签名是直接写在区块链上的，区块链中已经生成的区块不能以任何方式进行修改。一旦区块被修改，生成的哈希值就无法匹配，操纵行为也将由此而被系统检测到。区块链根据分布式的协议，构建了一个分布式的开放结构体系，交换的信息可以通过分布式记账的方式确定信息数据内容，加盖时间戳后生成区块数据，再通过分布式广播发送给各个节点，最终实现分布式存储。

对数据应用安全散列算法加盖时间戳，并将该随机哈希值在全网中进行广播，能够证实一组数据在某一时刻是真实存在的，因为数据只有在该时刻的确存在，才能获取相应的随机哈希值。每个时间戳会将前一个时间戳纳入其随机哈希值之中，每一个后面位置的时间戳都会对前面的时间戳进行增强，这一过程不断重复依次推进，最终形成一个完整的链条。时间戳与哈希算法、Merkle 树共同作用，增强了区块链的安全性能。

时间戳证明存在性的功能可能是区块链的另一种用途，它或许会彻底改变人类的未来。由于区块哈希值的不可伪造性，一个区块能提供出哈希值，即可证明区块哈希值存在于该区块生成时刻之后，就像你在一张白纸上写下了一串数字，说明的是数字出现的时间晚于白纸——这也称为时间点后向证明。时间点前向证明则需要构造一个包含数字摘要的交易，当该交易进入区块后，便可以证明你在该区块时刻之前拥有该数字摘要。

八、区块链使智能合约成为现实

1994 年，密码学家尼克·萨博（Nick Szabo）首次提出了智能合约的理念。然而在过去的中心化体系下，智能合约几乎是没有意义的，因为保存在中心化系统中的合约可以被系统所有者随时修改甚至删除。但是有了区块链以后，智能合约可以被事先写入到区块链的分布式网络体系中。当合约中的某一事项发生时，智能合约就会被触发并自动执行相应的合约条款。在这个过程中，某一个人或者某一个机构都不能够修改或删除合约，也无法阻碍智能合约的自动执行。

智能合约指的是一段部署在分布式账本中的代码，它可以处理信息，接收、储存和发送价值，是一个能够自动执行合约条款的计算机程序。从本质上讲，智能合约的工作原理类似于计算机程序中的if-then判断语句，智能合约以这样一种方式与现实世界里的资产进行交互。

智能合约拥有自治、自足和分布式的特点，它由代码定义并独立执行。智能合约的执行流程从双方达成合约协定时开始，通过将合约中的内容进行数字化编码并写入区块链中实现对合约内容的形式化。合约中约定的条件事项的发生将自动触发合约的执行程序。借助区块链技术，智能合约可能会在未来对人们的生活带来极大的改变。智能合约能够使得人与人之间的价值交易过程自动化和信任化，通过智能合约实现价值交易不仅节省了时间和金钱，还提高了交易的效率。在区块链技术中，智能合约在分布式交易所、金融衍生品、身份认证、医疗健康和科学发现等领域均有着广泛的应用。

第二节　区块链的工作流程

由交易信息依序组成的账本可以看作是区块链的雏形。严格来说，区块链是一种信息组织结构，我们不妨将其看作是一条由存有交易信息的各个区块按照交易发生的时间先后顺序依次连接而成的数据链。我们可以用计算机技术中的"栈"来理解区块之间的连接关系：如果将区块链看作一个垂直的栈，那么位于栈底的是首区块，之后每个区块按次序叠放。区块链上的区块从后向前有序地嵌在整个链条之中，每个区块都指向其前序区块。

以比特币为例，作为区块链的基本结构单元，区块由包含元数据的区块头和一系列交易数据的区块主体构成，它是一个记录交易信息的数据容器。其中，区块头由三组元数据构成：第一组是索引父级区块链哈希值的数据，它用于链接前面的一个区块；第二组是与挖矿有关的难度目标、时间戳和 Nonce 数据，其中 Nonce 是用于工作量证明算法的计数器；第三组是 Merkle 树根数据，它能够总结区块中的所有交易并快速归纳和校验大规模数据的完整性。每个区块头都拥有各自的哈希值，通过识别哈希值可以识别出相应的区块。区块与区块之间通过父区块哈希值的索引建立起对应的连接关系，进而组成一条完整的区块链。

沿着区块链中的任何一个节点向上游回溯，总能到达区块链的源头，也就是区块链中的第一个区块。在比特币的区块链中，第一个区块产生于 2009 年，它是比特币的区块链中全体区块的共同祖先，人们也称其为创世区块。在创世区块的基础之上，区块链中的用户通过不断计算随机数的哈希值，寻找满足与特定的 SHA -256 哈希值对应的数值解。这个寻找随机数的过程好比矿工在茫茫矿区挖掘金矿，因此也被称作"挖矿"。当区块链中的某个用户找到符合要求的数值解后，该用户在全网范围内发布广播，网络中的其他节点都能够收到这条广播并加以验证。一旦验证为真，其余节点会自动停止计算，并将新创建的区块加入到前序区块之后。随着一个又一个哈希值数值解被找到，越来越多的用户加入到寻找数值解的队伍中，该哈希散列的难度会相应提高，以保证数值解不会很快被找到。通过调整 SHA -256 随机散列的难度，区块链中的用户寻找数值解所耗费的时间将变得可控。在对于上述过程的不断重复中，新的区块不断生成、验证、加入，最终形成一条长链。

在实际交易中，区块链的生成过程包括节点的连接、交易和记账等基本步骤。例如，在比特币系统中，创建区块的过程叫做"挖矿"，参与挖矿过程的用户则被称为"矿工"。比特币系统能够通过这一过程来实现交易：系统中存在两个用户——用户 A 与用户 B，他们之间想要发生一笔交易。不妨假设用户 A 想要转移一笔资金给用户 B，在区块链网络中这笔交易的全部信息存储在一个新建的区块之中。该区块发布广播给区块链网络中的所有用户，全网用户通过验证哈希值认可交易的有效性。得到了全网用户的一致认可后，这个存有交易信息的区块被加盖时间戳，继而被添加到区块链上，成为了一条永久而又透明的交易记录。在分布式账本中关于用户个人资产的记录项中，用户 A 与用户 B 的个人资产分别增减，交易从而得以实现。

在这样的发展过程中，区块链通常是一串直线的连续区块组合链条。但在一些特殊情形下，如网络中不同节点的信息同步不及时，区块链会产生"分叉"，即在区块链的末端出现两个互相冲突的区块，这两个区块记录了不同的交易信息。在这个时候，区块链由用户来投票决定哪一个交易有效。具体说来，投票方法是每一个用户在其认为有效的区块后继续开采新区块，而最终最长的那条区块链将被认定是唯一有效的。

综上所述，最终生成的区块链账本数据是全网共同认证和确认的结果，一旦区块链上的全体用户达成共识，交易信息就具有了全网一致性和不可更改性。区块链的这一特点可以完美解决点对点通信中经典的"拜占庭将军问题"和"双花问题"。

一、拜占庭将军问题

拜占庭将军问题是一个共识问题，首先由莱斯利·兰伯特等人在 1982 年提出，又名拜占庭容错问题、两军问题。对于该问题的非正式描述是：拜占庭帝国想要进攻一个强大的敌人，为此派出了十支军队去包围这个敌人。这个敌人的实力虽然无法与拜占庭帝国相匹敌，但也足以抵御五支常规拜占庭军队的同时袭击。基于某些原因，这十支军队不能集合在一起单点突破，只能在分开的包围状态下同时攻击。他们中间任一支军队单独进攻都毫无胜算，除非至少六支军队同时袭击，才能打败敌人的进攻。这些军队分散在敌人的四周，依靠军中信使相互通信来协商进攻意向及进攻时间。眼下困扰这些将军的问题是，他们不确定军中信使是否绝对忠诚。信使中一旦混入敌国奸细，就可能擅自改变进攻意向或者进攻时间，并将错误传递给其他将军，阻碍军事行动的顺利进行。在这种状态下，拜占庭将军们该如何找到一种分布式的协议来让他们远程协商、赢取战斗呢？

将上述概念引入到 P2P 通信网络中，则可以理解为在分布式网络中，处于不同地理位置的计算机通过讯息交换尝试达成共识，但有时候系统中的协调计算机（Coordinator/Commander）和成员计算机（Member/Lieutanent）可能由于系统错误而交换错的讯息，影响最终的系统一致性。

区块链通过对这个系统做出一个简单的修改，解决了拜占庭将军问题。以比特币系统为例，比特币的区块链通过基于哈希算法的工作量证明机制为发送信息加入了成本，进而降低了信息传递的速率，并引入了随机元素以保证在一段时间之内只有一个城邦（即用户）可以进行广播。那台成功计算出有效哈希值的计算机将所有之前的信息汇聚在一起，再将自己的信息附于末尾，加以数字签名，向网络中的其他机器广播出去。只要网络中的其他机器接收到并验证了这个正确的哈希值和附着在上面的信息，它们就会停止当下的计算，使用新的信息更新各自手中持有的账本副本，然后在更新后的账本的基础上开始新一轮的哈希值计算。如此这般，所有网络上的计算机都能够保证使用着同一版本的账本，拜占庭将军问题得以完美解决。

二、双花问题

双花问题是指一笔数字现金在交易中被重复使用的现象。和其他数字资产一样，加密数字货币具有无限可复制性。如何确认一笔加密数字货币在实际的交易中只被支付一次成为数字货币必须解决的问题。

在传统的交易管理中，可信赖的第三方机构持有并保管交易账本，从而保证每一笔现金只能够被花掉一次。而依靠区块链技术构建的交易系统，则在分布式的网络形式中用全网记账的机制代替了传统交易中第三方机构的职能。

与中心机构验证确认支付信息的机制不同，全网记账需要在整个网络中达成共识。以比特币交易为例，在交易发生的那一刻起，比特币的交易数据就被盖上了时间戳。当交易数据被打包到一个区块中后，交易就算被初步确认了。当区块链接到前一个区块之后，交易会得到进一步的确认。在连续得到六个区块确认之后，这笔交易基本上就不可逆转地得到确认了。除了上文提到时间戳的作用之外，这笔交易所需的确认时间也进一步增强了交易的安全机制，有效地避免了双花问题的产生。例如，当一笔货币企图被用来支付两次交易时，较长的确认时间可以使后一笔交易先于前一笔得到确认的难度增加。货币在第一次交易得到确认后支付有效，第二笔交易因此而无法得到确认。区块链的共识机制解决了长期存在于加密数字货币行业的双花问题。

第三节　区块链的运行机制

一、共识机制

区块链的自信任主要体现于分布于区块链中的用户无须信任交易的另一方，也无须信任一个中心化的机构，只需要信任区块协议下的软件系统即可实现交易。这种自信任的前提是区块链的共识机制（Consensus），即在一个互不信任的市场中，要想使各节点达成一致的充分必要条件，是每个节点出于对自身利益最大化的考虑，都会自发地、诚实地遵守协议中预先设定的规则，判断每笔记录的真实性，最终将判断为真的记录记入区块链之中。换句话说，如果各节点具有各自独立的利益并互相竞争，则这些节点几乎不可能合谋欺骗你，而当节点们在网络中拥有公共信誉时，这一点体现得尤为明显。区块链技术正是运用一套基于共识的数学算法，在机器之间建立"信任"网络，从而通过技术背书而非中心化信用机构来进行全新的信用创造。

现今区块链的共识机制可分为四大类：工作量证明机制（POW）、权益证明机制（POS）、股份授权证明机制（DPOS）和 Pool 验证池。

二、工作量证明机制（POW）

工作量证明机制即对于工作量的证明，是生成要加入到区块链中的一笔新的交易信息（即新区块）时必须满足的要求。在基于工作量证明机制构建的区块链网络中，节点通过计算随机哈希散列的数值解争夺记账权，求得正确的数值解以生成区块的能力是节点算力的具体表现。工作量证明机制具有完全去中心化的优点，在以工作量证明机制为共识的区块链中，节点可以自由进出大家所熟知的比特币网络，就应用工作量证明机制来生产新的货币。 然而，由于工作量证明机制在比特币网络中的应用已经吸引了全球计算机大部分的算力，其他想尝试使用该机制的区块链应用很难获得同样规模的算力来维持自身的安全。同时，基于工作量证明机制的挖矿行为还造成了大量的资源浪费，达成共识所需要的周期也较长，因此该机制并不适合商业应用。

三、权益证明机制（POS）

2012 年，化名 Sunny King 的网友推出了 Peercoin，该加密电子货币采用工作量证明机制发行新币，采用权益证明机制维护网络安全，这是权益证明机制在加密电子货币中的首次应用。

与要求证明人执行一定量的计算工作不同，权益证明要求证明人提供一定数量加密货币的所有权即可。权益证明机制的运作方式是，当创造一个新区块时，矿工需要创建一个"币权"交易，交易会按照预先设定的比例把一些币发送给矿工本人。权益证明机制根据每个节点拥有代币的比例和时间，依据算法等比例地降低节点的挖矿难度，从而加快了寻找随机数的速度。这种共识机制可以缩短达成共识所需的时间，但本质上仍然需要网络中的节点进行挖矿运算。因此权益证明机制并没有从根本上解决工作量证明机制难以应用于商业领域的问题。

四、股份授权证明机制（DPOS）

股份授权证明机制是一种新的保障网络安全的共识机制。它在尝试解决传统的 POW 机制和 POS 机制问题的同时，还能通过实施科技式的民主抵消中心化所带来的负面效应。

股份授权证明机制与董事会投票类似，该机制拥有一个内置的实时股权人投票系统，就像系统随时都在召开一个永不散场的股东大会，所有股东都在这里投票决定公司决策。基于 DPOS 机制建立的区块链的去中心化依赖于一定数量的代表，而非全体用户。在这样的区块链中，全体节点投票选举出一定数量的节点代表，由他们来代理全体节点确认区块、维持系统有序运行。同时，区块链中的全体节点具有随时罢免和任命代表的权力。如果必要，全体节点可以通过投票让现任节点代表失去代表资格，重新选举新的代表，实现实时的民主。

股份授权证明机制可以大大缩小参与验证和记账节点的数量，从而达到秒级的共识验证。然而，该共识机制仍然不能完美解决区块链在商业中的应用问题，因为该共识机制无法摆脱对于代币的依赖，而在很多商业应用中并不需要代币的存在。

五、Pool 验证池

Pool 验证池基于传统的分布式一致性技术建立，并辅之以数据验证机制，是目前区块链中广泛使用的一种共识机制。

Pool 验证池不需要依赖代币就可以工作，在成熟的分布式一致性算法（Paso、Raft）基础之上，可以实现秒级共识验证，更适合有多方参与的多中心商业模式。不过，Pool 验证池也存在一些不足，例如该共识机制能够实现的分布式程度不如工作量证明机制等。

第 四 章

区块链技术与分类

第一节　区块链的技术特点

通过前文对区块链运行原理的全面梳理，我们不难发现区块链具有分布式、自信任、公开透明、不可篡改、集体维护和隐私保护的特点。

分布式　整个系统任意节点之间的权利和义务是均等的，且任一节点的损坏或者失效都不会影响整个系统的运作。分布式具体指分布式记账、分布式传播和分布式存储这三大特性。

自信任　区块链采用一套公开透明的加密数学算法，使整个系统中的所有节点能够在自信任的环境下自动安全地交换数据，整个系统的运作不需要任何人为的干预。

公开透明　区块链的数据对所有人公开，任何人都可以通过公开的接口查看区块链上的数据信息。

不可篡改　通过向全网广播的方式，让每个参与维护节点都能复制获得一份完整数据库的拷贝。除非能够同时控制整个系统中超过 51% 的节点，否则则单个节点对账本的篡改是无效的，也无法影响其他节点上的数据内容。

集体维护　系统中的数据块由系统中所有具有维护功能的节点来共同维护，而这些具有维护功能的节点是开源的，任何人都可以参与。

隐私保护　由于节点和节点之间无须互相信任，因此在信息传递过程中节点和节点之间无须公开身份，系统中的每个节点的隐私都受到保护。

上述特性的存在让我们看到了区块链在许多领域具备潜在的巨大应用价值。

第二节　区块链的分类

区块链可分为公有链、联盟链和私有链，这三种区块链的开放程度各不相同。公有链是一个开放给所有互联网用户的去中心化分布式账本，比特币区块链以及以太坊区块链是公有链的典型代表。而在私有链之下，区块链的共识机制、验证、读取等行为均被限定在一个严格的范围之内，由一个实体控制，仅对实体内部开放。未来的区块链应用既不会也不可能是完全集中化的，而应该是集中化和去中心化二者之间的一个平衡，而联盟链正是介于公有链与私有链之间的一种账本结构，更符合目前大部分行业应用的实际需要，同时适度对外开放的读取和验证权限又可以保证获得公众和社会的监督，因此受到了包括区块链公司（R3CEV）在内的许多机构的推崇并进行了大量的尝试与探索。

第三节　区块链的技术局限与扩展

区块链仍存在着技术和业务层面诸多挑战。这些挑战可能会成为区块链应用推广中的障碍，也可能在未来随着技术的进步成为区块链技术突破的引爆点。

一、性能与容量问题

区块链的去中心化程度与共识机制的性能效率难以得到两全，去中心化程度越高，共识机制的效率则会越低。反之，当区块链的去中心化程度越高时，由共识机制的效率直接决定的交易时延就越长，交易吞吐就越低。因此，区块链的发展必须解决去中心化程度与共识机制效率之间的平衡问题。此外，区块链的发展还必须权衡账本存储容量与处理性能之间的关系。随着交易量的逐步增长，存储策略和效率亟须改进。同时，账本的规模化增长会带来参与节点的硬件资源门槛提高的问题。

二、安全性局限

区块链也存在着安全性的技术局限。虽然作为区块链代表性应用之一的比特币似乎至今为止没有遭受毁灭性的攻击，但一个运转良好的系统，安全性是重中之重，潜在的安全问题不容忽视，区块链的安全防护仍面临着严峻的挑战。区块链技术方面的局限目前主要体现在以下三个方面：

1. 51%攻击
区块链需要引入大量公共资源参与到体系中来，若参与计算的节点数太少，则会面临51％攻击的可能性，对体系的良好运转产生威胁。

2. 私钥与终端安全
在目前比特币的机制下，私钥存储在用户终端本地。如果用户的私钥被窃取，将对用户资金造成严重损失。区块链如何解决私钥钥易被窃取的难题，仍须探索。

3. 共识机制安全
现阶段情况下，多种基于区块链的共识机制已被提出，包括工作量证明机制

（POW）、权益证明机制（POS）等。但上述共识机制能否实现真正的安全，仍缺乏严格的证明与试验。因此，如何保障共识机制的安全是一大挑战。

三、区块链的未来扩展

在未来，当区块链成为广泛应用的基础设施时，区块链的节点将出现分化。"中心化"的系统将被"多中心"的系统所取代，系统中的节点将产生分化，会产生"核心"节点或者"中心"，并由这些节点来完成交易的审核、检索以及系统的负载均衡。当区块链使得所有节点都有可能成为资源配置中重要的中心节点时，就使得传统中介的中心地位被改变。从垄断型、资源优势型的中心和强中介转化为开放式平台，原来的中心化机构转化成为服务导向式中的多中心，所有节点在分布式共享的区块链中获得共赢。

第 五 章

区块链的技术挑战

第一节 区块链的技术安全

简单来说，密码学可以定义为在对抗环境下的通信问题，它已经存在了上千年，但是作为一个正式的系统化的学科，到 2016 年为止不到 50 年。以同样的思路，我们可以进一步定义加密经济学：在对抗环境下的经济互动的研究。而传统经济学既研究经济互动，也研究经济对抗，所以为了和传统的区分开来，加密经济学研究的重点是发生在网络协议上的经济互动。加密经济学的领域包括：

在线信任和声誉系统。

密码学代币加密货币，以及数字资产。

自执行的"智能"合约。

共识算法。

反垃圾/反女巫攻击算法。

有激励的计算资源市场。

去中心化的社会保险、互助组织以及低收入保险。

去中心化的管理(包括赢利以及非赢利)。

我们在前面介绍了加密数字货币的流行以及流行的原因，而实际上因为它们给密码学带来了新的、有趣的维度，所以它们所代表的是加密经济学的发展成型。之前的密码学大体上是一个纯粹的计算以及信息理论科学，保障来自于绝对的安全假设之上。一旦金钱进入数学的完美世界中，就必须与各种的混乱现实打交道：人类的社会结构或许可以通过部分担保的形式缓解，但却不能根除它的薄弱点。一个密码学家常常使用这样的假设"这个算法是不可攻克的，只要这些基础的数学问题仍然难以解决"，加密经济学的世界则必须和一些感性的因素搏斗，例如串通攻击的难度，利他者、逐利者和自私者的相对数量，各种不同资源的集中程度，有日时甚至包括社会文化环境等。

在传统的密码学中，安全依赖于下面这些假设：

没人能够完成 2—79 次计算步骤。

因式分解很难（超越多项式的时间复杂度）（例如：RSA 加密的原理）。

寻找 n 次剩余方根很难。 例如：Rabin 加密的原理，$x^a = g(\bmod p)$

椭圆曲线的离散对数问题不能在 $2^{n/2}$ 的时间内解决。

而另一方面，在加密经济学中，除了密码学的上述假设，我们还依赖于下面这些假设：

可能窜谋的个体所控制的计算资源不超过全部的 25%；

可能窜谋的个人所控制的金钱不超过全部的 25%。

某个工作量证明算法的总算力和投入的资金的数量形成超线性关系的变化临界点不能太低。

系统中总有一些无私用户，一些疯子，或者敌对分子，但大多数用户可以归类为经济学的"理性人"。

系统的用户基数要很大，用户可以随时加入或者退出，而其中有些用户会一直在系统中。

系统不可审查，两个节点互相之间可以快速地发送消息。

生成大量的 IP 地址很容易，用户也可以购买无限的网络带宽。

多数用户是匿名的，所以负面评价以及负债都难以执行。

对于特定问题，也会有额外的安全假设。因此，通常根难定义说一个特定的协议是安全或者不安全的，或者一个持定问题已被解决。出于经验和社会现实，构造一个针对特定问题进行优化的解决方案更有必要，然后在将来对这个问题不停地进行一次又一次的改进。

比特币中的去中心化共识让人印象深刻，根大程度上是因为它非常简单。计算机科学的一个 30 年的老课题通过一个非常简单的，容易实现、容易理解的方法解决了，甚至于一个懂点技术的儿童都能够描述它的工作原理。然而，它的当前的形式却有很多局限性。比特币的扩展性还很简陋：每个完整节点需要处理每笔交易对于平合未来的成功也是一个绊脚石，阻止其在微支付中使用（按说是其最有用处的地方）。时间戳也是有瑕疵的，计算量证明算法局限在它们能支持的计算类型中。原始的解决方案如此"简单"，但是，这也意味着还有很大的改进空间，以及很多的改进方向。

第二节　区块链的扩展性

前文中也已经反复强调，今天加密货币领域面临的最大问题就是扩展性问题。常有的一个说法是，主流的支付网络能够处理比如每秒 2 000 笔交易，而当前的比特币网络每秒只能够处理 7 笔。从最根本来说，这种说法有问题，只要调整下每个区块的大小限制，比特币能够很容易地支持每秒 70 笔甚至 7 000 笔交易。但是，如果比特币真的达到那种规模，我们就会面临一个问题：对于普通用户来说，已经不可能再运行一个完整节点了，完整节点只属于能够负担起其资源消耗的小部分商业机构。因为挖矿只需要区块的头部，甚至于矿工挖矿也不再下载整个区块链（实际上大多数还是下载的）。

这样带来的最大问题是信任：如果只有很少一部分的实体能够运行完整节点，这些实体就能够共谋，额外给他们自己大量比特币，对于其他用户来说，如果不处理整个区块，就不能发现这个块是非法的。尽管这样的诈骗事后可能被发现，但权力变化可以形成一种局面，默认的行为是简单地跟随这样一个欺诈链（完全可以制造一种恐怖氛围来巩固这样的行为），这样切换回去就很难协同了。因此，极端来说，比特币如果每秒是 7 000 笔交易，它的安全属性就和 Paypal 这样的中心化系统基本类似，然而我们需要的是加密货币最初承诺的去中心化的能够处理 7 000TPS 的系统。

最理想的情况，一个区块链的设计，在对抗 51％ 攻击时和比特币有类似的安全属性，单个节点处理不超过全部交易的 $1/n$ 并且 n 能够根据需要向上扩展。这让区块链的架构能够处理任意高的 TPS，同时还能保证中本聪所设想的去中心化程度。

问题：设计一个区块链，拥有和比特币相似的安全性，并保证网络正常运行需要的最强节点的最大数量和交易数量基本上是线性关系。

其他假设和需求

网络中有大量的矿工。

矿工可能使用专用硬件或者通用硬件。专用用硬件处理特定任务时，相比非专用硬件更强大（比如 1 000 倍）。

普通用户使用通用硬件。

理想想情况下，一笔交易在几个块之后（比如网络规模的对数），需要全网的 51% 以上的算力才能够逆转。但是，交易支付非常少的手续费获得相对较低的安全等级的解决方案是可以接受的，同时也要避免一些情况，比如攻击者通过同时逆转很多笔小的交易获得收益。

理想情况下，解决方案应尽可能是一个通用的基于账号的区块链（例如以太坊），但是特定的解决方案，比如货币、域名注册或者其他用例也是可接受的。

一、任意的计算证明

零知识证明的圣杯可能是这样一个模型：给定程序 P 和输入 I，创建一个零知识证明，运行 P 并输入 I 得到结果 O，证明本身可以被快速验证（在多项式对数时间内，是理想是恒定时间），而原始的计算需要花费很多步才能完成。理想的设置下，连输入 I 都可以隐藏起来，只要证明运行 P 就可以得到 O，如果输入 I 要公开的话，可以把输入 I 嵌入程序中。这样的一个基元如果有的话，对加密货币会产生深远的影响。

1. 区块链的扩展性问题很容易解决。

矿工不用发布包含很多交易的区块，他们只要发布一个证明，他们运行了区块链的状态更新程序（P），交易列表作为输入 I，得到一个输出；因此，交易不再需要网络中的每个节点去验证，只要由个矿工去处理，其他矿工和用户可以快速地验证计算证明，如果证明结果正确，他们就接受这个新的状态。这不是一个彻底的解决方案，因为还是需要传递交易数据，但用这种方式构造块，问题会变得非常容易。

2. 区块链的隐私问题很容易解决。

上面的区块链的扩展性的解决方案隐藏了每笔交易的细节；只透露了这些交易都是合法的，除了交易的发起方和接受方其他用户看不到这笔交易。

使用一个图灵完备的共识网络作为一个通用的分布式的云计算系统在计算上是完全可行的：如果你需要做任何计算，你只要发布一个程序给矿工，矿工帮你运算完程序后，然后把结果以及结果有效的证明发送给你。

3. 这个方向有大量的研究，其中一个名为 "SCIP" 的协议（Succinct Computational Integrity and Privacy)已经在测试环境中运行了，但是有点不足，初始化时需要一个可信第三方来设置密钥。

问题： 创建程序 POC－PROVE(P，I)－>(O.Q)和 POC_VERIFY(P，O.Q)－> {0，1}，POC－PROVE 运行程序 P 并输入 I，得到结果 O 和一个计算证明 Q，POC_VERIFY 使用程序 P 验证 Q 以及 O 是否合法。

需求以及额外的假设

POC-PROVE 的时间复杂度应该在 $O(n^* polylog(n))$ 之内，这里的 n 是程序运行需要的步数

POC_VERIFY 的时间复杂度是常数或者是运算步数的对数，程序使用的最大内存相对步数最多是线性的。

协议不需要可信任的第三方。如果需要可信第三方(TTP)，协议应该包括一个机制，通过安全多方计算来模拟一个出来。

二、代码混淆

我们知道如何对数据进行加密已经有些年头了，发明了各种简单、健壮、经过良好测试的对称加密和非对称加密算法，对称加密使用同样的密钥进行加密以及解密；非对称加密使用不同的加密和解密密钥，并且知道其中一个无法推导出另外一个。还有另外一种可能非常有用，但现在还没有可用算法的加密：对程序进行加密、圣杯是创建一个混淆器 O，给定一个程序 P，混淆器可以生成另外个程序 OP) = Q，给定相同的输入，P 和 Q 产生相同的输出，并且很重要一点，Q 不泄露程序 P 的内部信息。这样就可以在 Q 里隐藏一个密码，一个私钥或者使用 Q 隐藏

一个专利算法。

在 2007 年，一个完美的"黑盒子"加密被证明是不可能的；本质上是因为通过一个黑盒子来访问程序和拥有程序的代码是不同的，不管如何混淆，总是可以构造一个特定类型的程序来抗混淆。然而，有一种较弱的混淆，我们称之为不可区分混淆，却很可能可以做到。不可区分的混淆器 O 是指，如果你有两个等同（例如：同样的输入得到同样的输出）的程序 A 和 B，计算 O(A) = P 和 O(B) = Q，如果不知道 A 和 B，从外部无从判断程序 P 是从 A 还是 B 混淆而来的。

这种类型的混淆看上去似乎很局限，但是对于很多应用来说已经足够了。我们可以考虑两个程序 F 和 G，F 程序内含"12345"所对应的 32 字节的 Hash 字符串，并把字符串打印出来，而 G 是通过计算"12345"的 Hash 字符串并打印出来。根据不可区分混淆的定义，没有办法区分 O(F) 和和 O(G) 的差别。因此，如果有人可以从 O(G) 中分离出"12345"，因为 O(G) 和（OF）是不可区分的，因此他也可以从 O(F) 中分离出"12345"这将是一个壮举，因为他直接破坏了 Hash 函数的不可逆性（也就是说从 O(G) 中分离出"12345"的难度等价于寻找 Hash 结果的逆向函数）。

最近，Craig Gentry、Amit Sahai 等人发现的一个算法可以用来达成这个目的，算法使用了一个被称为"多线性拼图"（Multilinear Jugsaw Puzzles）的构造。他们的算法据称可以满足不可分区混淆器的要求，尽管是以一个很高的代价：需要使用同态加密算法，同态加密目前非常低效，需要大概 10 亿倍额外的计算开销。如果这个结构能被改进，则潜在的收益是巨大的。在加密货币世界中，最有趣的可能性是区块链上的包含私有信息的智能合约。这将允许以太坊这样的图灵完备的区块链技术，进入互联网上的任何金融或者非金融的系统中；比如，可以想象一个以太坊的合约包含用户的网络银行的密码，如果合约的某个条件被满足，合约就会通过一些节点作为中间人，和银行建立一个 HTTPS 会话，使用用户的密码登录银行并提现。因为合约是混淆过的，所以中间人或者任何其他区块链的参与者，都无法进行中间人攻击或者获取用户的密码。其他网站，以及比特币这样的区块链也可以使用同样的技巧。

问题：创建一个合理高效的不可区分混淆算法。

其他假设和需求：

攻击需要的计算量要超过 2—80 次。

算法必须足够快，一次标准的 ECDSA 签名或者 AES 加密必须控制在 10^8 次计算量内（更具体的说法，对应于以太坊虚拟机内的 10^8gas）

第三节　基于散列算法的加密

对于加密货币，以及密码学，最让人担心的现实威胁来自于量子计算机。现在问题看起来还不严重：所有的量子计算机要么是"绝热量子计算机"，只是在极端有限的问题上很高效，或者还不如传统的计算机，或者机器只有很小的量子比特，甚至还无法完成数字大于 35 的因式分解。但是在未来，量子计算机会非常强大，最近披露的一些政府机构比如 NSA 的活动引起了一些恐惧，虽然可能性不大，但是美国军方可能已经拥有了以太量子计算机。如果这样想的话，采用抗量子计算机的密码学的优先级就要调调高了。

截至 2016 年，所有的量子安全模型都属于两个分类中的一个。第一个是基于格栅构造的算法，这个算法难以破解的程度，依赖于寻找一个线性矩阵集合，使它们的和小于任意一个成员的长度的难度。其公钥是高维数学空间中的点阵，这种加密方式是把信息隐藏在格子中距离某个格点一定距离的地方。欲求解信息到格点的距离，不论是用传统计算机还是量子计算机都十分困难，但是只要有了密钥，收信者就可以便捷地计算出信息与格点之间的距离。但很多人不信任它们，因为它们依赖于一个复杂的数学对象，并且有一些尚未被证实的假设。但是，还有另外一个类别的加密算法是量子安全的：基于 Hash 的算法。一个例子是传统的 Lamport 签名：创建一个有 164 个节点的 Merkle 树，发布根节点，然后基于文档的 Hash 伪随机地挑选其中的 82 个节点得到一个签名。这个签名是一次性的、笨重的，但是能够满足要求。

问题是，我们能否做得更好？有一个称为哈希梯子的方法，允许签名的大小削减到 420 字节。但是这些方案都不完美，如果想基于 Hash 的密码学更有竞争力的话，我们需要改进算法，以拥有更好的特性。

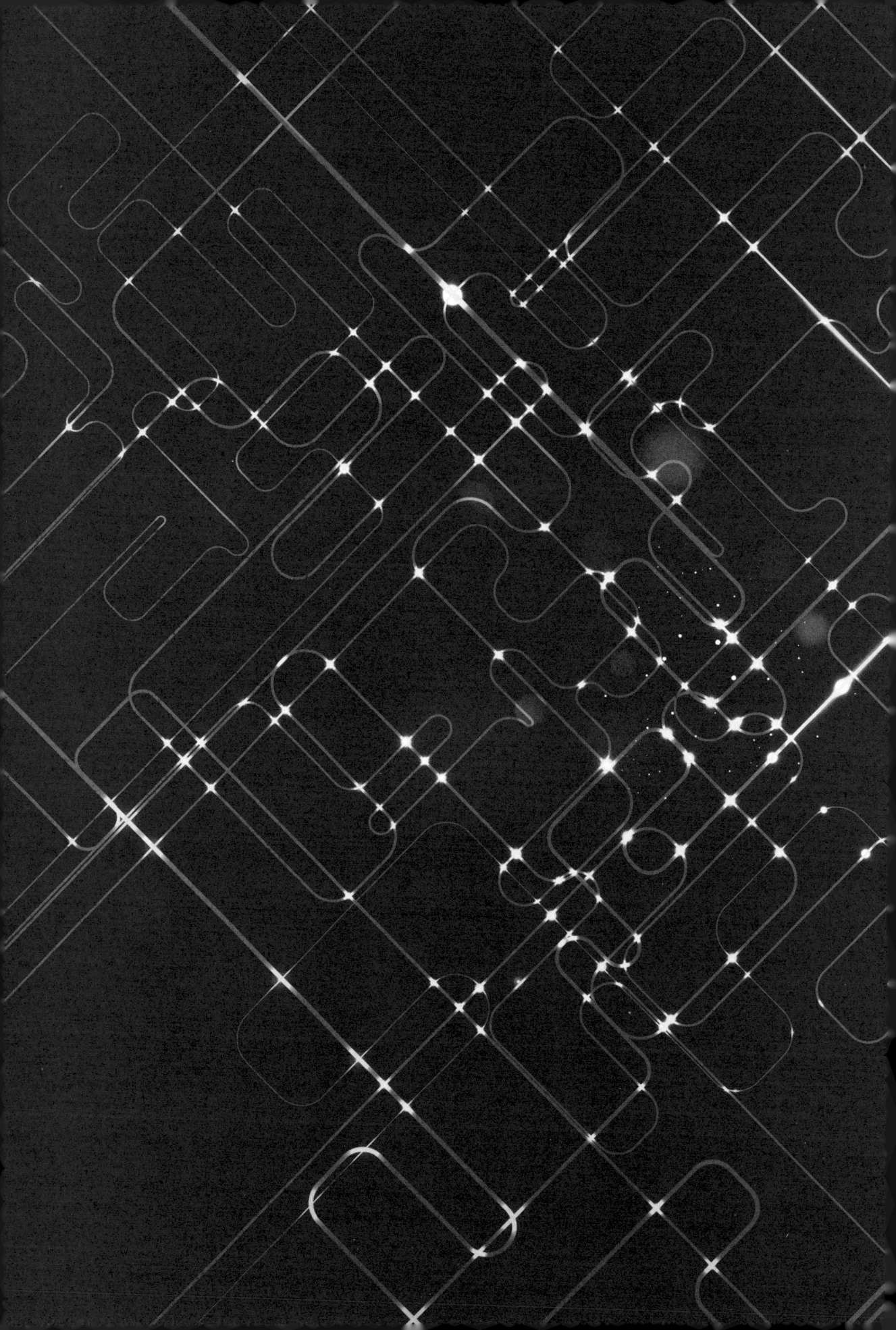

技术应用篇

- 区块链+ 教育

- 区块链+ 众筹

- 区块链+ 艺术品投资

- 区块链+ 汽车

- 区块链+ 人工智能

第 六 章

区块链 + 教育

第一节　区块链教育探索

区块链当前主要的应用场景是金融领域,在非金融业,区块链也迅速发展,并受到了重视。这些领域包括物联网、大数据、医疗等。本节则是和大家一起了解区块链在教育领域的探索、应用以及面临的挑战。

教育数据存储与分享

区块链的本质是一个分布式账本,所以区块链在任何领域的应用都与数据存储有关。毫无疑问,区块链在教育领域的第一个应用就是存储与分享教育数据。

一、区块链储存教育数据

在社会发展中,教育是最基础的工程,是培养年轻力量的根据地。信息时代的到来改变了教育行业,使教育设备、教育系统以及教育环境等纷纷融入了信息化元素,但是也给数据安全带来了威胁。

在教育信息化的大环境下,大部分原来存储于纸上的数据转移到了硬盘和网络上，包括学籍档案、成绩管理、教职员工信息、学术文献资料等。小到院校级别的各种数字教学平台，大至国家级的教育资源和管理公共服务平台，都存储了教育领域的海量知识和用户数据。

教育领域产生的数据是海量的。如果可以有效利用这些数据信息，对于指导教学、实现对教学资源的科学管理有重大意义。而且，越高等级的教育机构所产生的数据信息价值越高，机密性也相应更高。因此，教育领域的数据安全问题是一个重大问题，尤其是主张自由开放的学校网络，经常被黑客锁定为目标。

另外，因为内部监控疏漏或者内部人员故意泄露、合作机构在拥有一定权限后借此侵占信息等导致的信息数据泄露也极大地威胁到了数据存储安全。因此，教育机构应当承担起保护教师、学生信息以及学术资料数据安全的责任，预见并防止数据误用、泄露或盗窃。

在各个群体中，学生信息是最没有安全保障的。一些倒卖用户数据的人甚至对外声称，只要是大家听过的学校，包括大学、中学、小学等，学生的数据他们都有。这些人倒卖的大学学生数据包含了学生专业、姓名、学号、性别、年龄、身高、体重、联系方式等，可谓是一应俱全。此外，他们还表示可以拿到"全国中小学生学籍信息管理系统"中的数据，包括学生姓名、学籍号、学校、入学方式、住址、家庭成员等。

一位教育信息化资深人士表示："学生数据分别存放在各个不同的平台，包括学校、招生办、教育机构等，多样的数据存储渠道使得接触数据人员数量增加，这在很大程度上放大了内部人员泄露信息的风险。"

区块链为教育领域的数据存储安全问题提出了最根本的解决方案。一些教育机构开始寻求区块链的帮助，研发基于区块链技术的教育信息存储系统。

区块链是一个去中心化的分布式账本，它可以将教育信息存储在由全球数以亿计节点构成的网络系统中，保证了信息安全。这种教育数据存储方案不仅成本低，而且无法轻易篡改，安全性极高。

美国旧金山的霍伯顿大学软件工程学院已经开始尝试将区块链用于教育数据存储。在 2015 年 10 月，该学院对外宣布：从 2017 年开始，学院将会以区块链的形式完成有关学业证书的记录，谁都无法造假。

霍伯顿大学的联合创始人 Sylvain Kalache 在一封邮件中写道："对于企业招聘来说，主管人以后不需要花费大量时间和精力去核实毕业生的教育背景是否属实，因为区块链存储了这些数据而且绝对不是造假的。"

当区块链用于教育数据存储，教育机构在数据存储方面的花费将会大大减少，因为他们不再需要花钱建立自己的数据库。

二、通过加密可与第三方分享

教育数据存储安全是信息教育领域的首要问题，其次就是数据共享。每个地区的教学素材大多不同，同一个学校的不同教师采用的教学方法也都是独特的。如果你去书店溜达一圈，你会发现各地区不同教学内容的书籍，就存在人教版、苏教版、冀教版等不同版本。即便不考虑学生的选择问题，教师在教学过程中向学生推荐的参考资料也都是不同的。另外，不同的老师使用的教学课件也不一样，这在一定程度上造成了资源浪费。

如何才能通过一个有可靠保障的检索和共享实现教育资源共享呢？ 区块链便是有效解决教育资源共享问题的技术方案。

教育资源共享的基础是通过区块链对教育资源数据进行分布式存储。教师担任了节点的角色，可以在区块链上发布自己的相关教学应用课件、多媒体课程。与此同时，数据经过多个节点认证后存储于网络上，每条信息有独立的时间戳证明验证，保证了数据所有权属于发布者。

另外，学生资料也可以通过区块链技术实现安全共享，这些资料包括教育经历、工作经历、在线学习工具、课外活动等。对于教育机构来说，数据共享有利于更合理地设计课程、完善学分制度、评估学生的资质。

数据共享在出国留学方面也有重要应用。由于国内外信息不对称，在国内很难找到国外教育机构的任何资料，包括学校环境、师资力量、教学水平等。一旦区块链应用于教育领域，构建一个数据安全共享的公共信息平台就不在话下。如此一来，任何人、任何机构、任何时间都可以查询国外教育机构的任何资料信息。

基于区块链技术的 DECENT 内容分发平台就致力于将以上应用变为现实。作为一个独立开源平台，DECENT 允许任何人在 DECENT 协议之上构建应用。

截至 2017 年年初，DECENT 已经构建完成了可以正常运行的全球网络。接下来的工作就是与区块链的对接并进行顶层建设。DECENT 将大学作为首要突破口，并以此为基础建立整个生态链，形成良好的口碑效应，吸引其他教育机构参与其中。下面是 DECENT 的规划。

初期： 邀请知名教育机构、实验室加入，建设基本数据库，目标是保证网络的基础运行，增强其稳定性。这一过程需要 1—2 家教育机构进行实验，将完善学籍信息管理作为突破口，建设人才信息库。

中期： 不断扩大信息收集范围，包括教育机构信息、人才信息、学术论文、实验室等相关信息。这一阶段的目标是形成高等教育联盟体系，建设以高校机构联盟的团体形式来主导，具体公司方式来运营的区块链系统。

后期： 将区块链系统由高等教育扩散至中小学教育系统，整合教育资源。

DECENT 的商业模式是通过信息存储、查询、会员制以及教育资源资料来获取收费。在系统运行初期，网络会产生一定数量的代币，会员需要购买代币来支付查询、存储、下载、查看等费用。另外，任何个人或机构也可以通过发布作品、课件、实验项目以及教育资源等获得代币。在这一系统里，参与者都将会获得相应的收入或者价值。

数据共享对教育领域的变革之大是我们难以想象的，期待这一天的到来。

三、索尼全球教育借助区块链实现数据加密传输

2016 年 2 月，索尼全球教育公司对外宣布一项区块链服务计划。学生可以据此转移自己的数据，比如将大学里的成绩单发送给用人单位的老板。这一服务计划意味着索尼全球教育已经在教育领域基于区块链技术研发出了开放式的安全的学业成绩和进步记录共享技术。

近年来，区块链技术逐渐表现得光芒四射，展现出了巨大的潜力。区块链可以让用户在网络上自由、安全地传输数据，而且不需要第三方中介的参与。在这种方式下，任何人都不可能破坏程序或者篡改数据，除非他能够控制全网 50％ 以上的算力。

索尼全球教育公司开发的区块链服务计划实质上是一种数据加密传输技术，利用该技术可以在网络上共享记录，创建一个全新的、安全的基础设施系统，为教育数据存储打开新的大门。例如，你参加了一次考试，取得了非常好的考试成绩，那么你就可以直接将测试结果分享给其他评估机构。

　　个人评估的方式随着教育范式的发展变化而逐渐多样化，在这种趋势下，不同的评估机构会因为评估方式和评估方法的不同而得到不同的个人测试结果。于是，索尼全球教育研发出基于区块链的数据处理方式。在未来，各个评估机构可以获得相同的个人测试记录，然后对其进行评估。

　　而且一旦这一基础设施成功建立，其开放、安全的特征将会吸引越来越多的教育机构加入到该系统中。如此一来，各个评估机构对测试结果的评估结果将培养起高信誉度。最后，索尼全球教育建立的基础设施系统将会成为一种开放数据交易协议，从而延伸到教育领域以外更广泛的行业，包括医疗行业、环境服务，甚至是能源领域。

　　为网络社会建立起全新的教育基础设施，这就是索尼全球教育的使命。索尼全球教育认为，区块链是一种极具潜力的核心技术，在未来，区块链将会塑造出全新的教育景观。

　　另外，索尼全球教育还发起了一个世界级测试——数学挑战赛。该测试主要考验的是参与者的计算能力以及创造性思维能力。参赛者来自全球80多个国家，人数达到15万名之多。

　　在这场比赛里，参与者回答问题的正确与否不是最终得分的唯一决定因素，整体的测试表现也会影响最终得分，包括回答时间、心态等。而最终的得分则体现了参与者能力的高低。

　　届时，索尼全球教育将会把新的教育基础设施整合到他们自己的服务产品当中，而全球数学挑战赛就是第一个实验。

第二节　区块链教育证书检验系统

　　在教育领域，很多大学都开设了数字货币课程，比较知名的包括斯坦福大学、普林斯顿大学、麻省理工学院、清华大学等。有些学校还建立了区块链教育证书检验系统，以此确保教育证书的真实性。就像医疗领域用区块链识别假冒药品一样，这是一种新的发展趋势。

一、伪造文凭已不再有效

对学生来说，在大学里获得的各种证书以及大学档案对于未来就业有着深远影响。但是，由于大学校园里的学生们来自全国各个地区，户口本各不相同，在大学学习期间获得的证书不一样，毕业后又前往不同的公司单位工作，只要任何一个环节出错，都有可能导致信息错误、档案丢失、信息伪造等问题。

有一些区块链创业公司开始利用区块链技术进行学历证书认证，这可以解决伪造文凭的问题。如果更多的学校接受利用区块链技术辨别学历证书、成绩单和文凭认证，伪造文凭等相关欺诈问题将会更容易得到解决，而且还能节约人工检查以及文档工作的时间和成本。

目前，大多数证书管理系统的运行都比较缓慢、复杂，而且不可靠，因此，我们需要为证书创建一个数字基础设施解决这些问题。区块链技术使当前创建一个证书认证基础设施成为可能。这一设施将会帮助用人单位验证员工的学位证书是否是学校颁发的。

2015 年年初，美国麻省理工学院媒体实验室开始研究数字证书，试图为包括学生在内的更广泛的社会群体签发数字证书。证书的本质是一种信号，其含义可能是某人是某机构的成员或者更多。如果你拥有清华大学的学位证书，那么就代表你毕业于清华大学，它将会帮助你找到你想要的工作。

这是一件振奋人心的事情，因为它不仅是最优的证书处理方式，还是可以带领让我们思考未来证书模式的一个机会。区块链提供了一种技术基础，可以让我们存储和管理这些证书。

那么，数字证书的工作原理是什么？ 数字证书的颁发与验证原理是比较简单的：

首先，创建一个数字文件，这个文件里包含收件人的姓名、发行方的名字、发行日期等基本信息；然后使用一个只有发行人能够访问的私钥，对证书内容进行签名，并为证书本身追加该签名。其次，系统会通过哈希算法验证该证书内容没有被人篡改；最后，发行人使用私钥在比特币区块链上创建一个记录，表明在什么时候为谁颁发了什么证书。数字证书系统可以验证发行人、收件人以及证书本身的内容。

可想而知，当数字证书被研发出来，应用于教育领域，伪造文凭将没有立足之地。

二、学信网存储数据三大弊端

你或许还不知道，你的学位证、毕业证很有可能被他人"克隆"。克隆学历甚至可以通过中国高等教育学生信息网的查询。

首先了解一下什么是克隆学历。克隆学历就是找一个跟你同名同姓的毕业生，克隆与其一样的学位证、毕业证。也就是说，不上大学也能拿到大学学历。

按照知情人士的说法，克隆学历分为三个环节。第一步是查询同名同姓的毕业生，从中挑选合适的对象；第二步是通过解码获得包括毕业证编号在内的全部信息；第三步是制作毕业证、学位证和学籍档案。

当前公司人力资源检测求职者学历的真伪只有一个方法，即从学信网查询姓名和证书编号。如果查不到相关信息或者查到的信息与求职者不同，那么说明求职者的学历是假的。如果查询到的证书缺少身份证、照片等信息，实际上也无法确定求职者学历真假。克隆学历就是据此蒙骗过众多公司的。

关于办理伪造高等院校学历、学位证明的刑事案件，最高人民法院和最高人民检察院曾经出台一个司法解释，对于伪造高等院校印章制作学历、学位证明的行为，以伪造单位印章罪处罚；明知是伪造高等院校印章制作的学历、学位证明的行为而贩卖的，以伪造事业单位印章罪共犯论处。

根据《刑法》规定，伪造公司、企业、事业单位、人民团体的印章的，处三年以下有期徒刑、拘役、管制或者剥夺政治权利。

尽管如此，伪造学历、学位证明的行为依然难以杜绝。中国高等教育学生信息网之所以会出现漏洞被不法分子利用，根本原因在于它是一个中心化的信息管理系统，其弊端有三个，内容如图所示。

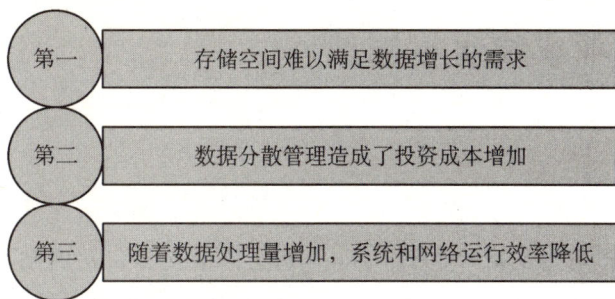

中心化信息管理系统的三个弊端

第一个弊端是存储空间难以满足数据增长的需求。高校在校园建设过程中积累了大量的信息数据，这些信息数据存放于各自的独立服务器内置硬盘或直连存储（DAS）空间里。相互独立的应用系统构成了典型的分散式架构。在校园网络中，服务器上的存储设备通过 SCSI 等总线技术与操作系统紧密整合在一起。单个服务器的每一个 SCSI 通道上最多可以连接 15 个设备，而一台文件服务器对应一台磁盘阵列。

SCSI 的总线结构使直连存储难以大范围扩展。要想增加存储空间容量，就只能不断增加数据服务器的数量。所以说，随着数据的快速增长，中心化的服务器已经难以满足存储空间的需求。

第二个弊端是数据分散管理造成了投资成本增加。中心化的应用服务器和数据服务器越来越多，不仅形成了服务器分散式管理的局面，还直接导致数据中心设备投资成本大幅度增加。对于系统管理员来说，在服务器分散式管理的数据存储方式下，要实现数据库系统的高效管理是非常困难的。尤其是数据恢复以及数据备份工作，管理环节和操作繁杂，非常耗费时间和精力。

第三个弊端是随着数据处理量增加，系统和网络运行效率降低。在网络环境下，数据中心处理业务工作是非常繁忙的，包括数据加载、发布、更新、备份、恢复等操作都需要占用网络带宽和服务器资源。当网络上数据存储量增长到一定规模时，数据服务和数据管理将会造成极大的网络负担，导致系统和网络运行效率较低。有限的服务器和网络性能与不断增加的数据处理量是一对难以调和的矛盾，因此这种模式难以长久运用。

因此，以服务器为中心的网络系统必将向分布式数据网络转变，这是网络存储发展的大趋势。

第三节 学业成绩水平测试

区块链的最初用途是记录和确认每一笔比特币交易，发展到今天，其应用范围已经远远超过了数字货币。现如今，越来越多的行业对区块链技术产生了兴趣，包括教育行业。一些教育机构尝试使用区块链系统替代学务系统，记录和验证学业成绩、出勤率等。

一、比教务管理系统更智能

教务管理系统是教育机构必要的组成部分，其包含的内容对于学校管理决策者有着重要意义。对学生来说，教务管理系统包含着众多有价值的信息，经过快捷查询就能获取对自己有用的信息。

随着学校运营时间的增长，学生数量的持续增长，有关教务的各种信息数据也成倍增长，这对于教务管理系统的运行稳定和效率提供了较高要求。

由于大多数学生都是非常关心自己学业的，所以学校应当开发高效、易于查询并且方便管理员管理的教务信息系统。

采用 SQL server 2003 的数据库技术进行架构对教务管理系统构建来说是最简单的方法。这种架构主要包括四个模块，分别为登录、教师用户、管理员用户、学生用户。各个对象可根据自己的权限完成查询。

系统管理员主要负责整理和更新学生以及其他输入对象输入的信息数据。由于信息量非常大，所以管理员需要经常对教务管理系统进行维护和更新，防止系统出现运行、信息失误等问题。

比起传统人工传递工作，采用教务管理信息系统可以减少很大一部分人工开支，降低信息管理成本，而且增加了获取的信息量、缩短了信息处理周期。教务管理信息系统有利于教育机构规划教学资源、提高学生信息管理以及反馈教学信息的利用率。

尽管教务管理系统对教育机构的作用很大，但是区块链的出现依然完胜教务管理系统。因为区块链成绩单比教务管理系统更加智能，应用范围更广。作为公开可见的分布式账本，区块链记录的信息数据可以永久存储且无伪造的可能性。

区块链成绩单的特点是：这里保存着每一个学习者的基本信息、学习过程、考试成绩、课程设置等数据，没有人可以篡改。每个学习者可以根据自己的时间安排选择必要的课程学习，参加重要的考试，相对来说比较自由。对于用人单位来说，这些记录都是公开可见的。

长期以来，学习者的学习成绩等档案都是由学校保存管理的，但是区块链成绩单将会改变这种传统。自此之后，学习者将可以自主管理其学习过程和结果的记录及证据。而且利用区块链技术呈现学习者学习的过程和结果将成为主流。区块链成绩单可以记录的数据包括学习者全部的成长经历、学习过程和结果、完成的学习项目、掌握的技能、他人的评价等。

与教务管理系统相比，区块链成绩单对学习者的帮助会更大。随着学习环境向技术赋能的方向发展，课程选择以及学习成果认证对学习者来说意义重大。区块链成绩单将会提供这样一个机会：学习者可以从众多教学机构中自由选择想要学习的课程，然后得到学习成果认证，并将自己的学习成果、兴趣爱好和技能特长等展示给用人单位。

此外，有了区块链成绩单，学习者在转学的时候不再需要向相关学校申请开具学习证明、成绩单等转学手续。通过区块链成绩单学校就可以了解学习者的学习内容、过程和结果，包括学习的课程性质和内容、完成的作业、独立以及团队完成的项目、考试类型及成绩等。

新的信任网络也将会基于区块链成绩单形成。学习者可以在网络中识别其他学习者掌握的知识和技能，据此建立起基于学习过程和结果的社交网络系统。

区块链成绩单有利于学习者创建、维护和共享个人学习资料，包括所学课程、学分、成绩和经历等。在此基础之上，学习者的学习过程和成效将会得到明显改善。

如果区块链成绩单能够应用并普及，教育机构的运营成本将大大降低，学生的文凭成本也将跟着下降。另外，区块链教育系统还能够防欺诈，降低教育领域违法案件发生的可能性。

教育数据存储与分享、教育证书检验、区块链成绩单是区块链在教育领域最主要的三大应用。除此之外，区块链还可用于学习账本、教育区块链等。"学习账本"与"教育区块链"是美国两个非常著名的智库机构"未来研究院"（Institute for the Future）和 ACT 基金会（ACT Foundation）联合提出的，其核心思想是"学习即收入"。

具体来说，一个教育区块链表示学习者完成一小时的学习成效，教育区块链可以被学习者赠送给他人，而学习账本的作用是追踪教育区块链中存储的知识和技能。无论是在教育机构，还是在工作场所，学习者都可以通过学习获得教育区块链。而学习账本则可以帮助学习者无论是在什么场所都可以赚取学分和获得认证。另外，学习账本还可以体现学习者的个人兴趣爱好或业余活动。根据学习者的教育区块链，企业可以招聘到需要的员工。

更厉害的是，学习账本和教育区块链的提出者认为，学习者的实时收入有望被追踪，从而发现可以给学习者带来更高收入的知识、技能、课程或专业，为其他学习者提供参考意义。如果这一切成为现实，学习者还可以利用学习账本寻找投资人。因为学习账本可以追踪、记录教育区块链为学习者带来的收入，如果投资人认为收入非常可观，便可以向学习者投资，要求获得学习者收入的一定比例作为其投资回报。两者之间的投资协议将会以智能合同的形式存在。

学习账本的构建离不开区块链，这也意味着区块链的特征会体现在学习账本上，即学习者获取的所有教育区块链都将记录在学习账本上，永远保存而且无法轻易篡改。

学习账本与教育区块链生动地描绘了人类学习和职业发展的未来蓝图，也反映了区块链在教育领域中的应用具有无限价值和潜力。

二、全球第一所接入区块链技术的学校

美国旧金山的霍伯顿大学是全球第一所接入区块链技术的学校。在 2015 年 10 月，霍伯顿大学软件工程学院对外宣布，从 2017 年开始，学院将会以区块链的形

式完成有关学业证书的记录，谁都无法造假。

塞浦路斯最大的私立大学尼科西亚大学，也是最早使用区块链技术的大学之一，该学校将学生的获奖情况放在区块链上保存。尼科西亚大学的教师 George Papageorgiou 称："区块链的使用获得了很好的反响，学生会表示非常愿意使用这项新技术。"值得注意的是，尼科西亚大学也是第一所提供数字货币课程的大学。

区块链技术进入教育领域以后，基于区块链技术的比特币也开始在学校流行起来。一些大学已经在校园里装上了比特币取款机，校内商店也逐渐接受比特币这样的支付方式。其实，让学生们尽早接触数字货币以及区块链技术是必要的，毕竟随着数字货币以及区块链的应用范围扩张，很多学生在毕业后都需要接触到这一领域。

总之，区块链技术在教育领域的应用有利于简化教育系统、防止学历伪造，为学生、学校和用人单位提供了证书获取、认证和分享的一站式平台。

第四节　区块链教育其他应用模式

2016 年 10 月，工信部颁布《中国区块链技术和应用发展白皮书》，指出"区块链系统的透明化、数据不可篡改等特征，完全适用于学生征信管理、升学就业、学术、资质证明、产学合作等方面，对教育就业的健康发展具有重要的价值"（周平，2016）。调研发现，当前国内外区块链技术的教育应用正处于萌芽状态，少数教育机构开展了积极的探索。"互联网＋教育"是全球教育发展与变革的大趋势，其宗旨是应用互联网思维、技术和模式改造传统教育生态，实现教育系统的结构性变革（杨现民等，2016）。区块链技术有望在"互联网＋教育"生态的构建上发挥重要作用，其教育应用价值与思路主要体现在六大方面：建立个体学信大数据、打造智能化教育平台、开发学位证书系统、构建开放教育资源新生态、实现网络学习社区的"自组织"运行以及开发去中心化的教育系统。区块链技术有助于推动教育体系变革，加速教育系统进化发展。

一、建立个体学信大数据，架起产学合作新桥梁

区块链技术在教育领域可以用做分布式学习记录与存储，允许任何教育机构和学习组织跨系统和跨平台地记录学习行为和学习结果，并永久保存在云服务器，形成个体学信大数据（李青等，2017），有助于解决当前教育领域存在的信用体系缺失和教育就业中学校与企业相脱离等实际问题。用人单位招聘时，可以通过合法渠道合理获取学生的任何学习证据数据，用于精确评估应聘者与待招岗位间的匹配度。此外，学信大数据还是高校开展人才培养质量评估以及专业评估的重要依据，有助于实现学生技能与社会用人需求无缝衔接，有效促进学校和企业在人才培养上的高效精准合作。

未来教育研究所（IFTF）和美国高考（ACT）基金会提出的"学习即赚钱"（Learning as Earning）计划（Sharples et al.，2016），其中心思想源于 Edublocks 概念，类似于当前用来记录和评估学生学习的"学分"。除了跟踪学术学习活动外，Edublocks 还可以测量和记录非正式学习，比如培训活动、学校比赛、研究演示、实习经历、社区服务等，一连串的 Edublocks 形成一个分布式账本或电子公文包，让学生在任何时间、任何地点都能获得所发生的学习信用。学术顾问将专注于帮助学生在其电子信息数据库中获得最多的"收入"。毕业时形成的个人电子信息数据库，包含"赚取"的各种技能，即学生在学习期间获得的所有 Edublocks，将作为学生求职面试时的简历，也将成为招聘单位选拔人才的重要参考依据。

索尼全球教育（Sony Global Education）在一份报告中指出，发达的区块链底层架构系统将促进学术进展记录，可将区块链技术作为一个去中心化且又很安全的系统来加密传输学生数据（Educational Week，2017）。特别是与考试相关的学生学业水平的统计与测量数据，依托区块链技术设计全新、安全的基础设施系统，

不仅能在网络上安全共享，还能永久安全地存储在云服务器中，随时供查询、获取，为学业水平的测评和记录方式开拓新的可能，打造未来教育新平台。该平台允许学生转移数据信息，可以将自己的成绩单传送给心仪企业的老板，为学生求职面试和企业招聘均提供了极具说服力的材料。

二、打造智能化教育淘宝平台，实现资源与服务的全天候自动交易

通过嵌入智能合约，区块链技术可以完成教育契约和存证，构建虚拟经济教育智能交易系统。该系统中各种服务的购买、使用、支付等工作全部由系统自动完成，无需人工操作，同时购买记录无法篡改、真实有效，所有的交易和合约数据都将被永久保存（李青等，2017）。消费者在该平台发出购买信息后，系统会根据智能合约的运行规则自动将对应的学习资料发送给消费者，该资料的物流信息也将被智能合约追踪，当消费者确认收到学习资料时系统自动完成支付，无需手动付款。此外，该交易平台还提供在线学业辅导和工具下载等服务，学习者可根据学习需求选择恰当的学习服务，包括一对一在线辅导、知识点精讲微课、难点习题讲授等，所有资源和服务均可依据学习者的个性需求实现自主消费。

基于区块链技术的智能化教育淘宝平台与其他交易平台相比，具有独特的优势：（1）智能合约程序记录在区块链上，具备公开、透明、不可篡改等特性，可以保证交易信息的真实有效，杜绝欺诈行为的发生。（2）智能合约程序可以控制区块链资产，能够存储并转移数字货币和学习资料，学习者购买资料和服务等交易信息可随时被追踪查询并被永久保存，从而为保障商家和消费者权益提供强大的技术支撑和过程性证据。（3）智能合约程序由区块链自动执行，人工无法干预、篡改，一方面能够提高平台交易效率，满足消费者对于知识获取实时性的需求，另一方面能够保证交易平台的可靠性与稳定性，防止交易平台出现系统性崩溃现象。（4）智能交易无需类似支付宝的第三方支付平台，可以实现学习者与培训机构、学习者与教师、机构与机构之间的点对点交易，既能节省中介平台的运营与维护费用，同时又能提供有质量保证的在线学习服务。

三、开发学位证书系统，解决全球性学历造假难题

随着就业市场竞争的加剧以及科技的发展，学历造假成为阻碍教育全球化发展的重要因素。伊利诺伊大学物理学教授 George Gollin 曾对文凭造假现象做过调查，他估计每年约有 20 万份虚假学历证书从非法文凭提供商处售出。国际知名调查公司 HireRight 的一项调查结果显示，约 86％ 的受访雇主表示他们曾发现应聘者提供虚假学历信息。为了解决学术欺诈尤其是学历造假这一国际性教育难题，麻省理工学院、霍伯顿学校、肯尼亚信息和通信技术部等机构开始尝试引入区块链技术，构建全新的学位证书系统，以实现学历信息的完整、可信记录。

麻省理工学院的媒体实验室（The MIT Media Lab）应用区块链技术研发了学习证书平台（Mit Media Lab，2017）。证书颁发的工作原理如下：首先，使用区块链和强加密的方式，创建一个可以控制完整成就和成绩记录的认证基础设施，包含证书基本信息的数字文件，如收件人姓名、发行方名字、发行日期等内容；其次，使用私钥加密并对证书进行签名；接下来创建一个哈希值（Hash），用来验证证书内容是否被篡改；最后，再次使用私钥在比特币区块链上创建一个记录，证明该证书在某个时间颁发给了谁。在实际应用中，上述工作虽然能一键操作完成，但是由于区块链自身透明化特性所带来的一系列隐私问题，目前该软件系统仍在不断完善中。

霍伯顿学校（Holberton School）是一所软件工程师培训学校，也是世界上首个使用区块链技术记录学历信息的学校，它从 2017 年开始将学历证书信息在区块链上共享，这一做法受到众多招聘公司的赞赏（Market Wired，2017）。霍伯顿学校的联合创始人 Sylvain Kalache 认为，利用区块链去中心化的、可验证的、防篡改的存储系统，将学历证书存放在区块链数据库中，能够保证学历证书和文凭的真实性，使得学历验证更加有效、安全和简单，同时能节省人工颁发证书和检阅学历资料的时间和人力成本，以及学校搭建运营数据库的费用，这将成为解决学历文凭和证书造假的完美方案。另外，一些国家也开始行动起来，例如，肯尼亚政府强烈意识到学历造假给国家教育乃至社会经济带来的严重影响，为了严厉打击造假文凭的非法行为，目前正在和 IBM 密切合作，尝试建立一个基于区块链的学历

证书网络发布与管理平台，让所有学校、培训机构等都可以在区块链网络上发布学历证书，实现学历证书的透明生产、传递和查验（比特币中文网，2017）。

四、构建安全、高效、可信的开放教育资源新生态

近年来，开放教育资源（Open Educational Resources，简称 OER）蓬勃发展，为全世界的教育者和受教育者提供了大量免费、开放的数字资源，但同时也面临版权保护弱（余平等，2009）、运营成本高（李莹等，2014）、资源共享难（韩锡斌等，2012）、资源质量低（保罗·川内等，2013）等诸多现实难题。如何构建安全、高效、可信的开放教育资源新生态，成为当前国际 OER 领域发展的新方向。区块链技术有望成为解决上述难题的"利器"，推动 OER 向更高层次发展。

1. 应用区块链技术加强资源版权保护。

基于非对称加密算法保护的版权信息其安全性与可靠性更高，同时鉴于区块链公开透明的特点，任何资源创建信息都可以被使用者查询、追踪、获取，进而有助于从源头上解决版权归属问题。资源上传者可将 OER 的版权信息和交易信息记录在区块链上，包括资源创建者、创建时间、资源类型等内容。因此，任何教育资源的创建和更新可随时被追踪和查询，并被有效证明（Guo et al.，2016）。

2. 应用区块链技术降低 OER 运营成本。

将区块链技术的去中心化应用到 OER 建设中可节省大量中介成本。用户与用户间可直接通过点对点的传播方式进行资源共享，从而减少在大量中介平台上研发与管理维护的投入，改变 OER 运行机制，有效降低 OER 运营成本。

3. 应用区块链技术促进资源共享。

利用区块链的分布式账本技术，将教育资源分布式存放在不同的区块中，通过点对点的传播方式，所有节点将通过特定的、达成共识的软件协议直接共享学习课件和工具软件等资源，既有助于提高共享效率，又可以解决资源孤岛问题。未来，借鉴金融领域的跨境支付业务，全球用户都将实现无障碍的点对点资源共享与实时交易，形成全球无缝流动的超大规模信息资源开放共享网络。

4. 应用区块链技术提高资源质量。

智能合约与共识机制构建的 OER 网络认证机制基于区块链，具体步骤如下：资源创建者将资源上传云端平台；利用非对称加密算法使用公钥和私钥对教育资源进行分别加密，并存放在区块中；将承载教育资源的区块广播全网并等待认证；超过 51％ 的节点达成共识通过认证，承载资源的区块加盖时间戳并在网络中以 P2P 的模式流通。资源认证机制中的认证、流转、共享等环节均由区块链底层内置的智能合约自动完成，全过程公开透明、不可篡改，各个节点上的资源用户共同认证新上传资源的应用价值。基于区块链技术的 OER 网络认证机制可以杜绝重复、无效、低质量资源的产生，能有效提升资源质量和资源流通效率。

5. 实现网络学习社区的真正"自组织"运行

区块链与在线社区的结合，也是区块链技术在教育领域很有前景的应用方向。区块链技术可以优化和重塑网络学习社区生态，实现社区的真正"自组织"运行，其应用主要体现在以下三个方面：

（1）使用虚拟币提高社区成员参与度，形成社区智慧流转体系。应用区块链技术建立社区虚拟币产生与流通机制，学生可通过发帖、提问、回答等行为的发生自动赚取虚拟币，并可利用虚拟币购买社区学习资料与服务，从而激发社区成员的参与度，形成以虚拟币作为核心激励机制与衡量社区贡献度重要指标的集体智慧生成与流转生态。

（2）保护社区成员知识成果，生成观点进化网络。利用区块链的可追溯性，能对社区成员发表的帖子和观点自动追踪、查询、获取，从源头上保护社区成员的知识成果，防止知识成果被抄袭，从而有利于创新性、原创性观点的迸发。此外，依托分布式账本技术，将发表的观点分布存储在网络中，根据各个观点之间的语义联系生成可视化的知识网络图。随着观点的不断生成与进化发展，社区将聚小智为大智，形成具备无限扩展能力的群体智慧网络（杨现民，2015）。

（3）净化社区生态环境，实现社区成员信誉度认证。智能合约保证网络社区的自动运行，发帖、提问、回答等内容将自动推送到社区平台，根据预先定义好的规则程序对社区论坛进行自动化监控，对于歪曲客观事实或具有误导性的谣言信息自动屏蔽删除，以达到净化社区生态的目的。同时，可根据社区成员发帖内容与次数对成员信誉进行认证，信誉度认证较高的社区成员可享有社区特权，如多次下载学习资料或发言无限制次数等，以此鼓励积极向上的发言，从而营造健康向上的社区氛围。

除了促进社区的自组织运行外，区块链技术还可以在增强社区学习的适应性方面发挥作用。目前，国内的喵爪机构已经应用区块链技术，通过喵爪币众筹AltSchool的方式创建了可以为每个孩子提供定制学习服务、以项目为导向的自适应学习社区——极客豆学院（上海喵爪网络科技有限公司，2016）。在创新学习正式开始前，极客豆学院的教师通过与学生聊天勾画出详细的学习者档案。教师通过向学生提问数学、语言等方面的问题，了解学生自身的性格癖好、学习方式、强项和弱点等个性特征。基于学习者的档案信息，极客豆学院可以为每个孩子确定全年的学习目标并细化为每周都会更新的游戏清单，学生可每天在清单上挑选不同的项目学习，从而实现个性成长。

6. 开发去中心化教育系统，全民参与推动教育公平

当前教育系统的高度中心化和集权化主要体现在教育体制的中心化上。教育体制是教育机构和教育规范两个要素的结合体，其中教育机构是载体，包括实施机构和管理机构；教育规范是核心，即维护机构正常运转的制度（刘义兵等，2014）。现阶段的教育体系仍以正规教育为主导，由政府机构或学校提供教育服务并进行认证，个人对某一特定学科的精通程度，仍需由受认可的大学颁发文凭或证书来证明，导致教育的管理权被学校和政府所垄断。

利用区块链技术开发去中心化教育系统，有助于打破教育权利被学校或政府机构垄断的局面，使教育走向全面开放，形成全民参与、协同建设的一体化教育系统。未来，除了政府机构批准的学校、培训单位等教育机构具有提供教育服务的资质外，将有更多的机构、甚至个体承担专业教育服务提供商的角色，并且基于区块链的开源、透明、不可篡改等特性能保证其教育过程与结果的真实可信。比如，一些企业、社区或其他组织均可提供教育服务并进行认证，其颁发的证书将与传统高校颁发的证书一样可在全网流通，并可有效证明学生是否掌握了某一知识技能。校际边界也将逐步模糊，学习者可以自主选择在任何学习中心或培训机构学习某门课程，获得具有同等效力的课程证书，有效证明自己在某一领域的专业知识和技能。多门课程证书的获得以及学分的积累，将使学生有资格申请获得国家以及国际教育组织认定的学历学位证书。

第五节　问题与挑战

一、区块链技术教育应用面临的挑战

区块链技术现在正处于起步发展阶段，大多数研究聚焦在金融领域。与金融领域相比，教育领域具有更强的独特性和复杂性，区块链技术在教育领域的成功应用将面临推广运营难、教育数据产权模糊、数据存储空间有限、区块链技术自身安全隐患所引起的师生隐私保护风险等诸多挑战。

1. 学习是否可以交易

作为分布式账本，即便是在金融领域之外，区块链的用途依然是记录各种交易。那么，在教育领域，这些交易都是什么呢？它们是完成课程、考试、发表论文、出版图书，还是对所学习内容的点赞或收藏？此外，在记录上述交易活动时，学习者得到或失去的具体指什么？这些都是需要研究思考的问题。

2. 如何解决教育区块链中的信任问题

区块链技术的广泛应用打击了银行、清算公司等以信任为基础的传统机构，因为去中心化的区块链技术将挑战甚至取代那些中心化机构，随之而来的是全社会信任机制的变化和混乱。

在教育区块链中，学生被视为不可信对象，他们所掌握的知识、技能、证书或文凭等只有经过认证才具有可信度。但是，区块链技术如何验证颁发资格证书的机构？如果按照交易量的话，相当于变相鼓励这些机构滥发证书，这成为区块链研究者需要解决的一个难题。

3. 学校、老师和学生是否已经准备好接受区块链技术的复杂性

区块链技术的应用基础是应用公共密钥，并拥有庞大的运行区块链节点的计算能力，但是教育机构做好准备了吗？分布式、去中心化的技术并不是提升教学绩效的最佳方案，那么应用区块链技术提升教学绩效的可能性有多大、如何实施

具体方案？

4. 挖矿是区块链创造新区块的过程，这一过程通过花费大量的计算资源获得比特币

那么，在与教育相关的区块链项目中，激励人们挖矿的因素是什么？此外，与教育相关的区块链项目是继续利用比特币挖矿模式还是构建像以太坊一样的第三方平台？

5. 人们是否真正需要永久保存不可轻易篡改的教育信息

学习是一个人成长变化的过程，而永久保存不可轻易篡改的学习者个人信息有什么意义和价值，应当如何处理？教育数据的所有权问题尚未明确，在这种情况下，学习者如何管理并控制区块链中的个人隐私？学校有权将区块链中的学生数据卖给其他机构吗？

如果学习者希望将一些不光彩的过去抹去，重新开始，教育区块链如何解决这一问题？一旦区块链技术的应用使得学习者的数据公开引发另外一些问题时，谁充当监管者，谁负责？

二、教育领域实践经验少，推广运行存阻力

目前国内外在区块链技术应用领域尚未普及标准且大多数研究聚焦在金融领域，其在教育领域的推广运行将面临缺乏政策保护与实践经验两方面的挑战。首先，由于缺乏政策保护与引导，去中心化属性对传统教育管理机构将造成强烈冲击，在利益分配上使得传统教育平台遭受重大损失，导致相关机构和部门对区块链技术在教育领域中的应用持谨慎态度，不利于区块链技术的大规模推广与应用。其次由于区块链技术在教育领域的应用案例较少，专家学者对其在教育领域的推广应用更多持观望态度，缺乏推动其进一步应用的动力。

为解决区块链技术在教育领域的推广运行问题，可从以下三个方面入手：第一，我国应尽快出台区块链技术在教育领域应用的法律法规，从运营机制、技术应用、体制管理等多个层面制定保护细则，切实保障国家、机构、个体在区块链技术与教育应用上的合法权益。第二，制定切实可行的利益分配方案，妥善处理

好传统教育管理机构和运营平台之间的利益分配，使区块链技术在教育领域的推广应用得到各部门认可，减少推广运行阻力。第三，依托中国区块链技术和应用发展联盟等组织，联合教育领域专家，从区块链国际标准化制定中借鉴先进经验，深入研究区块链技术在教育领域推广应用的热点和难点问题，制定区块链技术在教育领域的应用标准与规则。因此，教育工作者应积极与区块链专家联合，尽早制定区块链技术在教育领域的应用标准，打通应用通道，提升应用效果。

1. 区块链数据存储虚拟化，教育数据产权有争议

区块链的去中心化特征淡化了教育管理机构的职责，学生数据管理等工作相对弱化。由于去中心化特性，使得区块链上的数据分布式存储与记录，造成学生数据的产权变得模糊。当前教育中的数据管理一般由学校教务处负责，而区块链技术的应用淡化了实体管理部门的职责，使得数据都存储在虚拟区块链上。因此这些虚拟数据的归属权属于谁？ 使用权属于谁？ 基于数据分析产生的成果的所有权又属于谁？ 这一系列的数据产权问题都将成为区块链技术在教育领域进一步推广应用过程中亟待解决的问题。

基于区块链技术存储数据的产权问题，相关教育部门需要制定详细的数据归属标准体系与利益价值分配方案。首先，区块链存储的教育数据，其归属权应该属于数据产生者，即教师、学生和教育管理部门，而不是第三方平台，这是区块链数据存储的基本原则。其次，任何数据的使用都需要经过数据产生者的书面授权同意，可以授权给公司企业以开发更大的商业价值，但保证数据产生者的个体利益与隐私，却是数据使用的前提。最后，在进行校校合作或校企合作过程中，教育数据产生的商业价值需要制定明确的利益分配方案，除了书面授权涉及的约定收益外，还可以参考著作权使用费的模式，由平台按固定比例将利益分配给数据产生者、数据提供者以及数据价值开发者，或者可以征得用户免费授权，将成果利益完全归属于数据价值开发者。只有制定明确的数据产权归属与使用规范，才能打消教师和学生对于教育教学活动产生的数据所有权的顾虑，从而更好地促进区块链技术在教育领域的应用。

2. 系统网络容量小，数据存储空间遇瓶颈

区块链技术是互联网金融技术的创新，但众多技术特性特别是网络容量仍处

于发展的初级阶段。区块链数据库记录了每一笔交易从开始至今的所有数据信息，任何想要进行数据存储的用户都需要下载并存储承载所有资源信息的创世块（Creation Block）。随着大数据技术在教育领域的应用，教师、学生以及教育管理部门产生的数据量将会呈现井喷式增长，导致区块链中的区块承载的数据信息越来越多，这对区块链数据库的存储空间提出更高的要求。各类数据量越来越大，一方面导致数据存储空间受限，影响教师、学生以及管理部门上传与更新数据信息，另一方面将会降低数据传播效率，影响师生对数据获取实时性的需求。

与其他存储技术优势互补形成协同效应是解决区块链数据存储空间受限的有效途径。可将区块链技术与云存储技术相结合。Storj 利用区块链搭建去中心化云系统，将教师、学生以及管理机构产生的数据"切片"处理，对各个分片数据进行加密，通过分级存储的方式被分散存储到互联网上其他学校或教育部门贡献出来的硬盘空间上，从而解决数据存储空间问题。同时，为保证数据信息的不可篡改性，Storj 采用一种叫做 Merkle 树的数据结构，通过对比 Root 节点的哈希值（Hash）就可判断数据是否被修改，如果某些数据信息被修改或不可用，Storj 通过纠删码的方式，从其他可用的数据块重构该数据信息，并保存到其他节点上。因此，将 Storj 云存储技术应用到教育数据存储中，既可解决数据存储空间问题，又能保证数据的不可篡改性。此外，McConaghy 等学者提出巨链数据库（BigchainDB）的概念，即去中心化数据库，数据信息可以达到每秒百万次写入，数据存储量以 PB 计算（Gmbh, 2016）。其特点主要体现在：去中心化控制，免疫攻击；节点数量可线性扩展，实现基于 NoSQL 语言的高效查询和权限管理；容量可扩展，任何具备法律约束力的合同及证书都可安全存储在区块链的数据库上。因此，基于区块链技术的各类教育数据存储均可采用巨链数据库的核心理念，不仅能够免受攻击，保证师生数据的安全可靠，还可扩大数据存储空间，实现教师、学生以及教育管理部门数据的高效查询与管理，从而解决区块链技术在教育领域应用中面临的数据存储空间受限问题。

3. 匿名技术尚未成熟，师生隐私保护有风险

区块链技术通过隔断交易地址和地址持有人真实身份的关联，达到匿名效果，防止因交易信息公开透明而导致用户隐私泄露，但这样的保护通过观察和追踪区块信息以及用户 ID 依旧可以追查到用户的个人信息（Zyskind et al.,

2015）。因此，区块链技术在教育领域的应用面临师生隐私被泄露的风险，主要来自以下两个方面：一是所有交易信息公开透明，任何信息都可以被追踪查询，进而推断出某些结论，或对教师和学生的状态和行为进行预测，不利于教师和学生个人隐私的保护；二是区块链的安全性通过算法保障，理论上只有超过 51% 的节点用户同时被黑客攻破后数据信息才会被泄露或篡改，但是随着数学、密码学和计算技术的发展，很难保障今后该算法不被破解，造成教师和学生信息的泄露。

区块链自身存在的安全问题在各个领域都引起了广泛的关注与讨论，结合区块链技术在教育领域面临的安全挑战提出如下应对策略：第一，对教师、学生以及教育管理部门产生的数据信息进行权限管理，利用非对称加密算法对各类数据进行加密处理，只有拥有对应私钥的用户才可以访问用户的数据信息，保证师生的个人信息不被泄露。第二，采用算法技术与现实约束相结合的方式，在提高系统算法水平的同时通过法律保障、部门监管或者信用抵押等方式进行联合管控，防止黑客入侵事件的发生。第三，利用大数据技术应对高级可持续攻击，通过对黑客攻击模式、时间、空间等特征进行处理分析，搭建应对黑客攻击的防御系统，与区块链自身安全体系形成协同效应，全面升级师生隐私保护系统。

因此，即便教育领域对区块链技术持有乐观态度，相关研究者依然要谨慎思考上述问题。尽管区块链技术在教育领域中的应用面临众多挑战，但是毋庸置疑的是，从学校、教育行政管理机构到从事教育培训的商业企业，它们都已经意识到区块链对教育领域的巨大变革潜力，因此纷纷投入资金、技术等资源，从事区块链在教育领域的应用研发。

第 七 章

区块链＋众筹

第一节　区块链给众筹带来了什么变革

2016 年 1 月份，这个行业的币值总量是 170 亿美元。而到了 2017 年年底，已经超过 6 000 亿美元。

仅仅两年时间足足涨了 30 多倍，可见这个行业正在进行着快速、井喷式的发展。其中，最具代表性的，连菜场大妈都知道的，就是比特币。2017 年实现了爆发式的增长，从年初的 1 000 美元，最高涨到了 2 万美元。

这章我们来唠唠底层技术区块链给众筹带来什么变革，跟大家谈一谈"区块链＋众筹"的商业模式。

如果是依托区块链作为底层技术，那应用很广泛。

这也是为什么，很多项目可以以"区块链＋"的商业模式出现。比如，区块链＋金融，区块链＋农业，区块链＋法律等等。其实，众筹与区块链就是现代金融科技的组成部分，利用众筹＋区块链的信息公开方式募集资金，众筹企业采用区块链技术，这是必然出现的趋势。

众筹（Crowdfunding）是这样一种实践：它通过向很多人募集资金的方式来为一个项目或者企业提供支持。现在，众筹大多是通过互联网来进行的，是传统金融系统之外的一种替代金融形式。众筹有 3 种类型的参与者：项目发起人、项目投资人和众筹平台。

笼统地讲，众筹可以分为物权众筹和股权众筹等。这是一个在快速发展中的领域，还有很多种细分方式。

科普一下，众筹作为一种互联网金融的融资模式，具有门槛低、项目多元、注重创意等特征，相比于传统金融渠道，众筹的效率更高。

目前，众筹正在以超高的增长率不断发展，规模与日俱增，所发挥的影响力也在不断扩大。

第二节 区块链投资建设中的"信任"

区块链作为一种技术，可以通过本身公开透明的特性，降低众筹过程以及后续资金使用过程中的信息不对称水平，降低人们的信任成本。区块链技术产生的前提是人们面临传递信息和建立信任的困境。

而这信任问题始于古老的拜占庭将军问题。简单说一下这个故事……

拜占庭，就是中世纪的土耳其，它占尽地域资源优势，它的10个邻邦垂涎其财富已久，但无奈自身实力薄弱，唯有一半以上的邻邦群起而攻之，才有破敌之机。

如果不联合，反而面临被其他城邦吞掉的可能。

这时候，将军们犯难了，10个城邦分散在各地，如果约好一起进攻，万一期间传递信息有误，或者出现了间谍，整个部署将被打乱。

结果每个将军都小心翼翼，不敢轻易相信邻国。这就是"拜占庭将军"的问题。

所以，区块链解决的就是"拜占庭将军"的信任问题，众筹也是一样。

因为它本身是无须信任的，通过对网络上每一笔交易建立集体核查的完整数据库，从而建立起算法式信任，完美地解决了陌生人之间不信任的问题。随着两个领域的互相融合，会有越来越多的众筹活动通过使用区块链技术的众筹平台来完成。

简单地说，区块链技术的进一步发展，依托区块链技术的众筹必然会发展出更加丰富的实现手段。

区块链技术将给众筹带来深刻的变化，它能够使众筹更加容易发起、管理，也能增加众筹市场的透明度和稳定性。我们甚至可以说，区块链会给众筹创造新的标准。而且，区块链众筹的优势不仅如此，比如使用智能合约还可以保证：如果你没有达成预定的目标，资金可以自动退回到支持者的账户。

当然，区块链是个好技术。

第三节　区块链与产品众筹的结合

产品众筹，是一种以"团购＋预售"的方式，向网友募集项目资金的模式。众筹相对于传统融资方式更加开放，能否获得资金也不再是由项目的商业价值作为唯一的标准。只要网友喜欢的项目，都可以通过众筹方式获得项目启动的第一笔资金。众筹具有低门槛、多样性、依靠大众力量、注重创意等特征。

对于产品众筹来说，区块链可以从三个方面对其进行优化：

第一、优化众筹标的物在生产、制造、物流等环节的信息真实性及可追溯性，可以避免出现众筹标的物描述为 A，兑现为 B 的情况。尤其是在实验室产品或概念产品的成品过程中，可以很好地进行全景式信息展示，在公开性、透明性方面，取得众筹参与者的认同乃至深度参与。

第二、可以加强对于众筹标的物众筹过程的监管，尤其是对众筹资金的使用情况，监管是否存在资金挪动、滥用问题。

第三、能在很大程度上解决目前产品众筹严重雷同于团购的问题。区块链技术的应用可以在很大程度上突破实验室创新类众筹的暗箱感，即使产品最终未能如期实现，但过程的公开透明，有利于认筹者对所兑现的承诺做出理性评估，从这一点来说，区块链将助力众筹在更大程度上回归初衷，促进先锋性、创新性的产品实践，让更多实验室概念更快速地进入应用和市场阶段。

第 八 章

区块链 + 艺术品投资

第一节　艺术品市场迅速发展

中国经过 40 年的改革开放，经济得到了高速发展，国民财富大幅增加，对文化类产品的消费力也大幅提高。2018 年 1 月 18 日，国家统计局发布了 2017 年全国居民收入和消费支出情况的相关统计数据。数据显示，2017 年，全国居民人均

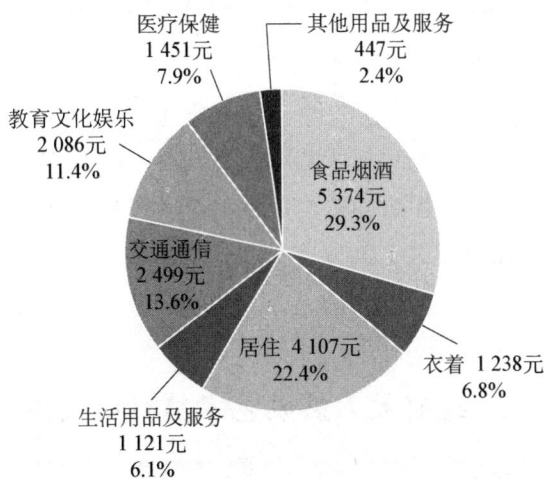

2017 年全国居民人均消费支出及构成

＊数据来源：国家统计局官网

消费支出 18 322 元，其中文化、体育和娱乐业消费支出稳步增长，人均消费支出达到 2 086 元，约 2.9 万亿。

一、中国艺术品消费及投资群体增加

民生财富、国家金融与发展实验室、东方国信三家单位携手发布的《2017 中国高净值人群数据分析报告》里，2017 年中国高净值人群达 197 万，可投资规模约 60 万亿元。报告发现，在经历了 2008 年及 2015 年的经济调整期及房地产调控等政策影响后，高净值人群的投资方向由不动产和股票市场转向银行理财产品、境外投资和其他另类投资等。高净值人群在资产配置方面注重财富保值，更注重品质生活和风险隔离等。如酒庄、收藏品等另类投资品种受到的关注度越来越高。

艺术品爱好者日渐增多及高净值人群的快速增长，使 2018 年及未来几年艺术市场的繁荣发展态势更加明朗。据 Artprice 发布的《2017 全球艺术市场年度报告》，2017 年全年，全球艺术品拍卖额达到 149 亿美元，中国保持全球艺术市场第一位置，成交额达到 51 亿美元，占全球总额 34.2％。每年艺术品的春拍和秋拍不断刷新的艺术品价格，赚足了人们眼球。

人们的文化消费意识经多年培育后不断增强，购买文化产品和艺术品的意愿在不断提高。相较于传统艺术品拍卖的高门槛，艺术品的其他交易方式对普通消费者来说显然更具吸引力，如电子商务平台、美术馆、商场等不断推出千元到万元的艺术品，丰富了艺术品消费、收藏的平台。在《巴塞尔艺术展与瑞银集团环球艺术市场报告》中，2017 年全球艺术市场的总销售额约达 637 亿美元，比 2016 年增长 12％。领先市场为美国、中国与英国，其中中国销售额占总销售额 21％。

二、政府大力鼓励艺术品行业发展

随着近几年文化产业的不断发展，经济结构调整逐步深化，文化产业大格局初步形成。自 2015 年以来，以北京、上海、广东、江苏、浙江为代表的第一梯队每年文创产业增加值都超过 3 000 亿元。为鼓励文创产业进一步发展，各地方政府纷纷出台政策。以上海为例，上海市委、市政府于 2017 年 12 月印发《关于加快本市文化创意产业创新发展的若干意见》（简称"上海文创 50 条"）。计划未来五至十年，上海文化创意产业增加值占全市生产总值比重达到 15％—18％，要建成具有国际影响力的文化创意产业中心；并先后通过设立 50 亿双创文化产业投资母基金、100 亿众源母基金的"组合拳"频频撬动文化市场。其中，对艺术品行业，"上海文创 50 条"中提出要构建国际重要艺术品交易中心。包括：优化艺术品产业格局、鼓励艺术品业态创新、促进艺术品贸易便利化等具体措施。

三、艺术品投资回报率高

纽约当地时间 2017 年 11 月 15 日晚上 7 点 50 分，在纽约佳士得拍卖行，原本估价 1 亿美元的达芬奇作品《救世主》（*Salvator Mundi*）以 4.5 亿美元的价格被拍出。1989 年，中国台湾的画商王台庆逐条买下了《山水十二条屏》，之后台湾长流画廊老板黄承志又以百万美元收藏。2017 年 12 月 17 日晚，齐白石《山水十二条屏》出现在北京保利 2017 年秋拍现场，以 4.5 亿元起拍，在场内的激烈争夺下，以 8.1 亿元落槌，加佣金 9.315 亿元成交，荣登全球最贵中国艺术品宝座。明宣德"鸡缸杯"第一次拍卖在香港拍了 528 万人民币，第二次拍卖就以 2.8 亿人民币成交，诸如此类数不胜数。

四、艺术品是资产已成共识

国民的财富增加是中国艺术品繁荣的基本面，次贷危机后的货币超发刺激了消费升级，促使中国艺术品市场价格和规模的大幅攀升。最近几年，中国艺术品市场的买家结构发生深刻的变化，大量的企业家及个人消费资金入场。

据胡润研究院发布的《2017 中国千万富豪品牌倾向报告》，中国内地总资产千万以上的高净值人群数量约 134 万人，在过去一年里，近七成的中国高净值人群对收藏产生兴趣。作为高净值人群迈向艺术品收藏与投资圈的第一步，兴趣的驱导必不可少。 在胡润的报告里，古书画、手表和珠宝玉石是最受高净值人群青睐的三项收藏品类，比例分别是 13.9％、11.2％ 和 10.7％。在可投资资产有限和通货膨胀预期的情况下，艺术品高收益的示范效应吸引了资金的大量涌入，相当数量的参与者将艺术品当成投资工具，将财务收益作为主要目标，艺术品市场上充斥着大量的投机资金。

第二节　艺术品投资的瓶颈及趋势

前文所述，艺术品市场发展的前景很好。目前艺术品的交易及投资，正由传统的思维和手段向新思维、新技术手段探索，以便更好地释放艺术品的价值。

一、艺术品投资的瓶颈

1. 流通及价值被限制

因艺术品的稀缺性及高价值属性，很多绝世的艺术品可能就放在某个收藏家的家里或博物馆里，不可能被轻易地参观，也不可能轻易地流通或交易，它们的价值经常是被限制的。

2. 艺术品定价难以统一

艺术品是非标产品，对其估价既复杂也非常专业，传统的权威机构、专家等往往很大概率决定了艺术品的价格，而这个价格各位专家很难统一。艺术品的价值经常会随着市场的脉搏，及艺术品经纪人对其的定价而决定。

3. 鉴定、授权机制不透明

由艺术品真假、来源引发的争议、不付款和索赔的事件经常发生。授权机制不透明，艺术品的模糊性增加了追踪和鉴定的难度。而赝品大量扰乱着市场，严重破坏了艺术品市场的诚信体系。

4. 交易路径瓶颈多

传统的交易方式包括画廊、博览会、私下交易等，因信息不对称，一些在市面上流通的艺术品几经转手后不仅真假难辨，价格还被人为抬高，导致艺术品交易的圈子越来越小，交易的对手经常会变成对彼此社会地位有认同感的小圈层。

5. 中国艺术品市场交易欠规范

艺术品市场存在着严重的信息不对称，缺乏有公信力的鉴定机构，市场诚信缺失。为规范市场，促进行业的发展，第一家文交所——上海文交所——于2009年6月成立，随后深圳、山东、安徽、南京、杭州、天津等各地的文交所相继诞生，但是，因行业牵涉的主管部门、监督部门过多，一时很难健全行业的法律法规。因监管不力、鉴定及评估体系不健全等等原因，极大地影响了艺术品市场的社会声誉，影响了艺术品产业的健康发展。

因此，中国艺术品市场与产业要进一步发展，需要变革传统的艺术交易市场，并推动艺术品资产化，孕育中国艺术金融行业发展，在推动艺术品产业不断向纵深发展的进程中，加大产业规模与提升产业水平。

二、艺术品投资的趋势

1. 艺术品资产的概念

行业专家定义的艺术品资产，是指基于艺术品商品化、资产化、金融化、证券化这一过程，能够为收藏者和投资者带来收益的可以进行确权、估值与货币计量，可以依托要素与资本市场流转的艺术品及其资源。

艺术品资产资源有两个方面：一个是艺术品本身的价值，其构成包括物理价值、艺术价值、文化价值、历史价值及市场价值；另一个则是衍生价值资源与延伸性资源。艺术品资产是一种可以依托相对完善的要素与资本市场进行流转变现的资源。

2. 艺术品资产化

中国艺术产业研究院副院长西沐于 2018 年在《中国经济网》发表的《中国艺术品资产化及艺术财富管理年度研究报告（2017）》中指出，艺术品资产化是一个过程，并且是多维度的一个过程，概括来讲，主要包括以下三个重要的维度：一是艺术品资产化过程性维度；二是艺术品资产化状态性维度；三是艺术品资产化价值性维度。其中，三维坐标的原点就是艺术品资产化平台，就是说，艺术品资产化的进程，需要的是平台化机制的支撑。

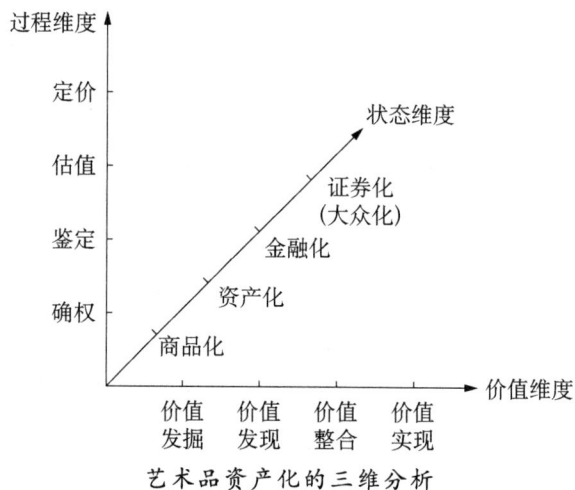

艺术品资产化的三维分析

由此可见，艺术品资产化首先是一个全新的过程，它不是简单意义上的"艺术品＋资产"，也不能理解成艺术品产业化，或者是艺术品产业与金融业的融合，而是指艺术品及其资源在特定条件下，经过一定的方式方法及流程和规范，转化为能够为控制者和拥有者带来收益的过程。

以艺术价值链建构为核心的艺术品资产化产业形态体系，主要是指不同艺术资源价值体系所形成的产业形态，如艺术品资源系统化产业形态、艺术品资产中介服务产业业态、艺术品资产化金融产业形态、艺术品资产化运营管理产业形态、艺术品资产化教育产业形态及市场支撑服务产业形态等体系；服务与支撑体系主要是指政府、艺术机构（企业）、艺术市场、社会中介与产业支撑机构等各种主体及其在艺术品资产化过程中的行为活动所共同组成的一个体系。

3. 艺术品资产化交易平台不断整合

艺术品资产化的交易平台，旨在通过综合服务平台的功能，为客户提供咨询、确权、鉴定、评估、鉴证备案、集保、物流等支撑服务及现金、信用、保险、投资组合、顾问等一系列的金融服务，将客户对需求的标的，如艺术品资产、负债、流动性进行有效管理，以满足需求方不同阶段的财务与其他需求，帮助客户达到保证艺术品资产安全、降低艺术品资产风险、实现艺术品保值增值的目的过程。

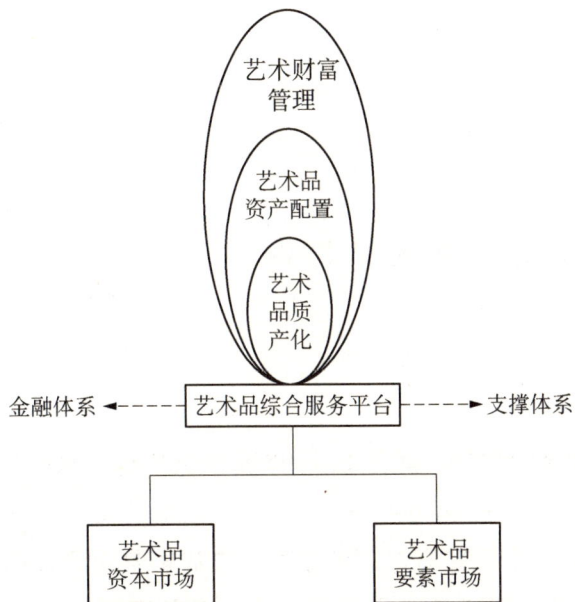

艺术品资产化及艺术财富管理的系统结构

4. 艺术品金融产品不断创新

艺术品和房地产一样，成为了可投资资产。而围绕艺术品的金融产品创新层出不穷。中国艺术品市场的繁荣加速了艺术品与金融的对接。艺术品市场集中度较高，与金融市场高度重合，主要集中在北京、长三角和珠三角等经济发达地区。艺术品基金、艺术品信托、艺术品资产组合、艺术品份额化交易、艺术品指数和艺术品回购等艺术品金融产品的创新和探索不断。金融产品具有流动性、盈利性和风险性三个特征。艺术品是非标准化的，流动性较差，这是艺术品金融化的软肋。2007 年，中国民生银行从银监会拿到了中国银行业第一个"艺术基金"牌照，并随即推出了首个银行艺术品理财产品。据不完全统计，2008—2011 年末，国内近 30 家艺术品基金公司已发行成立了超过 70 支艺术品基金，规模累计达 64 亿元。这些产品大多期限较短，约为 2—3 年，与艺术品的成长周期不相匹配。2012 年后，艺术品资本市场陷入了低迷。自 2015 年以来，艺术品要素市场开始活跃，随着"互联网＋"、区块链技术的发展及资本市场的推动，艺术交易的新商业模式即将出现。

第三节　区块链＋艺术品投资

　　区块链（BLOCKCHAIN）诞生在 2008 年次贷危机导致的全球金融危机，一个名为中本聪（Satoshi Nakamoto）的人在这时发布了一种点对点的现金系统及其基础协议，这就是后来被称为"比特币"的加密货币，自此，全球人疯狂的"挖矿"。区块链技术源于虚拟货币的火爆后开始研究其底层的技术，这个是"区块链 1.0 时代"，主要的实践是虚拟货币。经过 10 年的发展，专家学者们开始研究区块链底层技术，并开始探索"去中心化思维"，如何运用到商业领域和金融衍生领域。商业的领域，包括物联网、共享经济、智能合约、数字资产、企业管理、社交、信用社会等等。金融衍生领域如再保险等，这是区块链的 2.0 时代。

　　区块链本质上是一种去中心化的数据库和基于共享理念的分布式账本，是一串使用密码学的方法相关联的数据块。每个数据块中都存储着一次交易信息，用于验证信息有效性并生成下一个数据块。作为一种新兴的技术手段，其去中心化、信息公开透明、信息不可篡改、匿名性、重视契约精神等特点对于艺术品众筹、交易过程中的知识产权、智能合约、数字资产、艺术品金融等有创新、变革意义。

艺术家罗恩·V说过"艺术品是一种货币。艺术品转变成数字货币的机制无疑是未来的潮流。这是一个良性的步伐。"艺术家们可以简单地将作品上传到互联网的一个页面，并将链接发到一个艺术品交易平台，例如博雅集团的"艺萃"这个平台，"艺萃"会发行一对公钥和私钥。"公钥"相联系的是该艺术品的数字证书，"艺萃"也会在微信公众号、推特等公众平台发布该证书的公开声明，将区块链技术与标准的博物馆或者类似位于上海中心地下5层的第三方保管箱"宝库1号"等艺术品收藏馆的元数据组合在一起，以创建一个为艺术品和收藏品而设的公共数据库。"公钥"为世界范围内的艺术品爱好者、艺术品消费者、交易机构、管理员、历史学家、艺术品鉴定师及保险公司等提供不可篡改的公开信息内容。通过区块链技术，可将数字化起源技术添加到任何实质作品上。用户在购买艺术品之前就能够在移动设备上检查某份艺术品的真伪、状态和所有权的变化记录，再结合先进的加密机制的"私钥"以确定艺术品所有者权益，使整个艺术品交易的流程更加便捷、正规，并且还能隐藏买家和卖家的身份，对艺术品市场来说具有巨大的吸引力！

上海博雅方略集团有限公司（下简称博雅集团）整合了12年承办上海艺术博览会及10年运作上海海派书画院的资源和团队，结合区块链等创新技术手段，搭建艺术品资源的价值链架构。目标是以发现价值为核心，创造为灵魂，价值整合为主线，产业市场为基础，资本化为目标，推动艺术品产业化发展。

博雅集团创建的艺术品存证、艺术家经纪、艺术品展示、艺术品交易及艺术品数字化资产的平台——"ART BlOCKCHAIN"即中文谐音"艺萃"。"艺萃"也是艺术家、收藏家、投资家、文化消费者共识的电子商务平台，这个共识的商务平台将成为艺术品数字资产转化场所。帮助客户达到保证艺术品资产安全、降低艺术品投资风险、实现艺术财富增值的目的。完善及解决传统艺术品鉴定、存放、展示、交易场所的商业瓶颈，立志成为实现传统交易范式向数字资产经纪投资范式的转化。下面就以博雅集团的"艺萃"平台为例，探讨艺术品投资使用区块链技术运用到知识产权、智能合约、数字化资产、艺术品金融四个方面实践。

一、区块链＋知识产权

1. 知识产权登记

在第一代互联网中，很多的知识产权的创造者并没有很好的办法保护自己的版权，例如画家、建筑师、音乐家、剧作家、摄影师、时装设计师等角色，及出版社、画廊、电影工作室、设计事务所等组织，这些从事于创作、创意的个人和组织如果要保护他们的知识产权，必须将他们的知识产权的相关专利转给公共的知识产权管理中心，而传统的知识产权的管理中心因制度、人力、物力、大数据等原因仅起到了部分作用，如登记著作权等，而对艺术品的溯源、防伪、供应链等需要其他的机构如鉴定中心、拍卖行等中介机构完成。

区块链技术为知识产权的创建者提供了一个无中心化的、信息公开透明的、不可篡改的版权使用证明。它是艺术品的数字记录系统，包括防伪证明、状态及版权所有者，还能像比特币一样，从一个人的藏品库转移到另一个人的藏品库，也能定制化限量版本等等。这项技术解决了公信力、版权所有、估价、转让等传统管理办法的瓶颈。

2. 知识产权保护及授权

人类社会已经进入互联网时代，对于艺术作品的发布，在传统的互联网络及计算机 3D 成像技术的推动下，随时可以实现对信息的无损害复制与低成本传播，导致权利人难以对版权进行有效的控制。利用区块链技术，有望让网络上的各类艺术品本身成为可信登记的证明。版权人借助区块链技术有能力控制、追踪网络上自己的各类知识产权的实时情况，避免和传统网络环境下一样，作品一经发布就失去控制。作品在区块链系统下进行发布时利用"私钥"就可以对使用作品的条件进行约定、限制，以加强权利人对自己的版权的掌控力度，形成一种新的 IP 授权商业模式。

综上所述，利用区块链技术，在艺术品知识产权登记、授权方面，拥有者使用公钥进行确权、鉴定、评估、定价、发布，传播等，使用私钥对 IP 授权及交易。结构如下图：

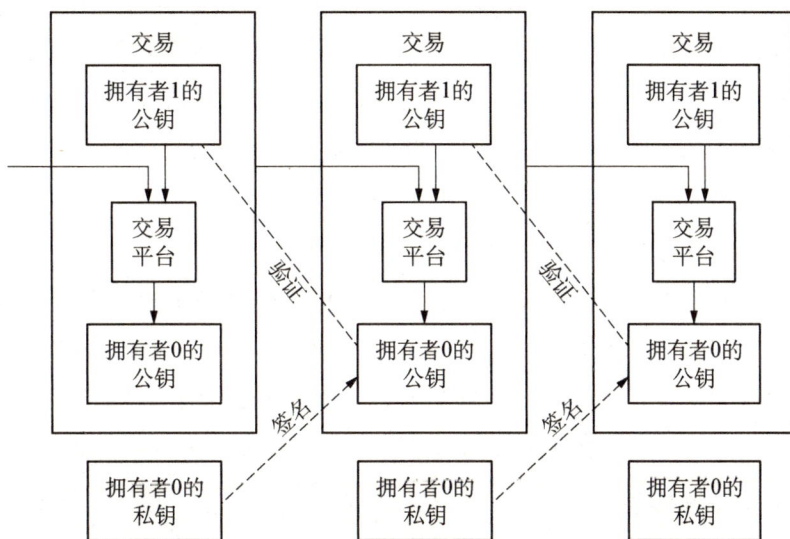

基于区块链技术的版权登记及验证结构图

二、以太坊＋艺术品众筹、共享、交易

因艺术品高价值的属性，在传统的交易过程如创作、展示、推广、鉴定、拍卖、物流、交付等都需要大量的合同约定当事人、参与人、法律及第三方机构的权利和义务。社会也投入了相当大的成本以保证合同当事各方的执行。

以太坊（英语：Ethereum）是一个开源的有智能合约功能的公共区块链平台。通过提供去中心化的虚拟机——被称为"以太虚机"（Ethereum Virtual Machine）——来处理点对点合约。基于"以太坊"技术的"智能合约"被放在区块链上，它是一段涉及艺术资产与交易的代码，是一种新的参与者之间达成共识的方式。它的执行不依赖任何组织和个人，包括博雅的"艺博萃"平台，它是自我执行的，不可篡改的，那么"智能合约"的各方违约甚至不可能发生。

1. "智能合约"取代传统合同

随着全球经济一体化的发展，及中国"一带一路"战略的推进，文化及其文化产品是政治、经济环境重要的要素市场。人们经常要与不同语言的、不同文化背景和法律体系的合作伙伴签订合同。这样，合同的约束力就会出现问题，大量争执、违约事件会发生。以太坊技术的智能合约使用共同的计算机语言来编写，公开、透明、难以篡改，可以有效地降低艺术品交易链中的信任及交易成本。根据区块链可编程的特点，博雅"艺博萃"的"智能合约"将交易的相关方的合同变成代码的形式放在区块链上，并在约定的条件下自动执行。

2. 以太坊技术使得交易流程智能化和去中心化

以太坊是一个去中心化的平台协议，它的核心便是虚拟机。虚拟机可以执行任何复杂变异的程序，并且具有"图灵完备"功能，即任何可以计算的东西都能得到计算。以太坊也具备点对点的网络协议，它们由许多节点构成并可以定期更新。网络上的每一个点的协议和指令都相同，又被称为"地球计算机"。

以太坊通过图灵完备编程语言的区块链来实现这一点。以太坊允许任何人编写智能合约和去中心化的应用，并允许在其中自定义所有权规则、交易格式和状态转换函数。在博雅"艺博萃"的平台上，参与的各方使用的是一个共识机制，不需要任何中介方，就可以实现"众筹"、"共享产权"、"拍卖"、"物流"、"保险"等支付，以及投资和交易。

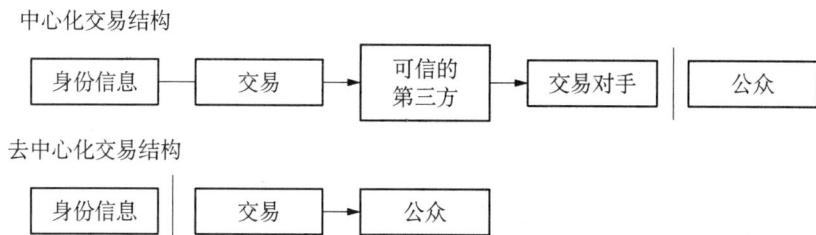

中心化交易结构

| 身份信息 | — | 交易 | → | 可信的第三方 | → | 交易对手 | | 公众 |

去中心化交易结构

| 身份信息 | — | 交易 | → | 公众 |

艺术品中心化与去中心化交易结构图

3. 以太坊技术预测市场需求及科学定价

以太坊的核心价值就是协同效应。基于比特币的区块链只能作为一个普通的交易系统，而以以太坊为平台的区块链则可以跟踪每一个账户的状态，账户与账户之间的转换则可以看作是数据和信息的转移，用户在每进行一笔交易（数据交换）都会得到一定数量的汇编码。在区块链的外层，"艺博萃"将使用一种具有显著特点的、可以搜索的数据结构来存储各种信息。我们称它为"日志"，这些信息我们可以从以太坊的外部进行访问和查询，可以通过用户对某一艺术品的追捧、热爱程度，来预测市场需求及定价参考。

三、区块链＋艺术品数字资产化

传统的艺术市场时具有排他性和不透明性的。一群数量相对较小的艺术家和收藏家占据了市场上非常大的一部分机会。艺术市场的开放性及整体上缺乏规范的性质，对那些尝试进入艺术世界的新人来说，可选择的路径不多，有时候还得经历重重曲折。博雅"艺博萃"基于区块链技术，打造艺术品数字化资产交易平台，一方面在艺术要素市场进行民主化，另一方面在资产市场进行民主化。博雅"艺博萃"是为解决全球高端艺术品参与门槛高、流通性低、买真难、保管难等行业痛点，实现低门槛、低交易成本、高流动性、大众参与投资共享的专业艺术品数字资产平台；平台同时支持未来行业公认的、法律许可的主流数字货币的进行艺术品交易。

艺博萃	VS	传统艺术品平台
抵押发行、产权共有、实物抵押	风控保险	断崖式交割不可追溯
鉴定评估担保公开透明数据不可篡改	交易门槛	暗箱操作不公开透明
数字化资产智能合约	诚信背书	传统思维与传统运作
共识展示、多元化存储、智能交付	标物产权	独占小范围观赏

艺博萃交易平台与传统艺术品平台的比较图

博雅构建的"艺博萃"艺术品数字化资产交易平台，还原艺术品数字身份本身，搭建多元的数字化艺术品社区，重新定义艺术品的数字经济属性，实现艺术品数字化资产的理念。

博雅的"艺博萃"平台将通过区块链、GPS、VR、射频、传感器、通信协议、二维码激光植入等相关技术的运用，借助于电子商务平台对艺术品进行数字资产转化、数字确权、存储、展示、防伪，实现艺术品保险、数字资产产权拍卖及相关共识展示地标的物资源共享，实时定位锚定艺术品资产的全球坐标，并进一步开展数字身份信用额度担保业务，线上操作、线下体验，用户可在电子钱包上无缝对接自身投资的艺术品线上数字资产及线下实物资产。借鉴刘永新《数字身份对于区块链的意义》一文中，艺术品数字化资产需要数字身份认定、数据上链、身份管理三个步骤。

1. 艺术品的数字身份认定

基于区块链技术的分布式记账原理，身份认证原理如下：

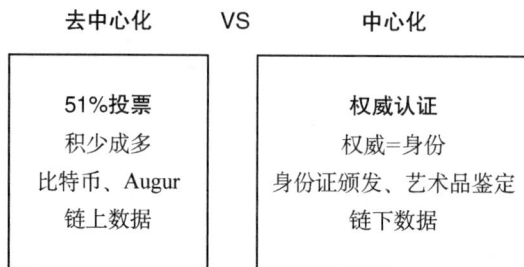

艺术品去中心化与中心化区别

2. 可信数据上链

所以对于链下数据的上链，数据的真实性可以通过少数服从多数的投票或者权威身份的信誉背书完成。可信数据上链的基本流程图如下：

首先，艺术品需要一个数字身份，这个身份的认证有可能是通过51％的投票产生，也有可能是通过权威认证。然后在数据上链的时候，需要附加上身份信

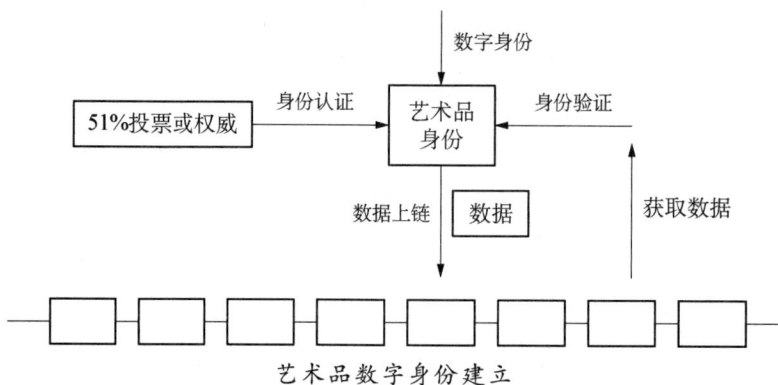

艺术品数字身份建立

息。数据使用者获取到数据后，对身份信息进行验证，然后根据验证结果决定数据的可信度。

3. 身份管理

当我们使用网络应用时，需要注册、登录账号，有时候，为了方便，我们会使用第三方应用来注册及登录，这种身份托管方式虽然提供了便利性，但是第三方应用可能在未经我们授权的情况下登录应用，并进行操作以及获取个人数据。平台能够兼顾便利性和安全性，能够通过同一个账号登录不同应用，并且完全是由自己控制。

三种数字身份应用的流程如下：

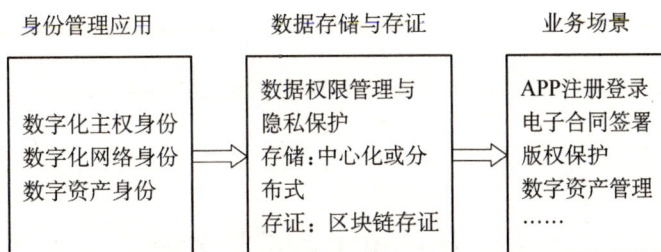

身份管理应用	数据存储与存证	业务场景
数字化主权身份 数字化网络身份 数字资产身份	数据权限管理与隐私保护 存储：中心化或分布式 存证：区块链存证	APP注册登录 电子合同签署 版权保护 数字资产管理 ……

数字身份的验证、数据存储及业务场景流程

在此基础上，可以实现丰富的应用场景，例如：APP 登录，电子合同签署，供应链，版权保护，资产数字化、艺术品金融化。

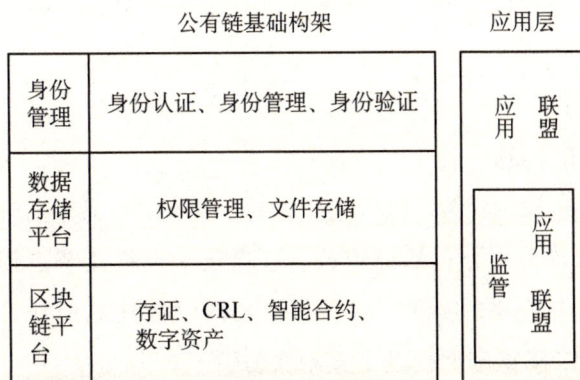

公有链基础构架		应用层	
身份管理	身份认证、身份管理、身份验证	应用联盟	
数据存储平台	权限管理、文件存储	监管	应用联盟
区块链平台	存证、CRL、智能合约、数字资产		

艺术品数字身份链架构

当数字身份和区块链结合之后，再加上数据管理平台，就可以实现联盟链的需求。联盟链的本质是基于身份的数据互信，是不是一条单独的链并不重要。而区块链资产和主权身份关联起来后，就可以满足政府监管需求，可以在应用层增加满足监管需求的监管策略。

因此，未来艺术品投资＋区块链要想大规模应用，必须要解决数字身份问题，数字身份是链上和链下的桥梁，是区块链走向合规监管的桥梁。而随着构建在区块链上的应用和资产越来越多，因为有统一的身份标识，大数据分析也成为可能。

艺术品通过数字资产化，可以让所有的参与方成为他们所参与互动的艺术品的部分所有者和股东，用数字化资产的份额对应艺术作品，并提供激励机制。参与方包括艺术家、收藏家、艺术爱好者、策展人、美术馆、博物馆、工作室、交易平台等等。"艺博萃"的社区，在法律和政策所允许的情况下，以市场为基础，将艺术品数字资产证券化或者数字货币化，推动艺术品产业的发展。

四、区块链＋艺术品金融

区块链在金融服务领域如何实现变革，唐塔普斯科特及亚力克斯·塔塔普斯科特在《区块链革命——比特币底层技术如何改变货币、商业和世界》定义为可以突破8个核心功能：价值验证、价值转移、价值存储、价值贷款、价值交换、融资与投资、价值保险及风险管理、价值核算。下面就其逻辑，对区块链＋艺术品金融初步探讨。

1. 价值验证、价值转移

如前文区块链＋知识产权，以太坊＋众筹、共享、交易中所述，区块链消除了艺术品交易中对大部分中介机构的依赖，这项技术也将让节点创建出可供认证、稳健且有密码学确保安全的身份，在需要信任的时候建立信任，并极大地减少了成本、提高了速度，降低摩擦促进了金融交易。

2. 价值贷款、融资及投资

区块链能够实现艺术家与投资人之间新形式的点对点融资，并能够提高红利与息票的纪录与支付效率，使这项环节更透明、安全。

艺术品数字资产将以它无国界包容性和硬通货的高流通性成为未来金融资产的主流。博雅"艺博萃"平台开发出的艺术品资产抵押发行机制，艺术品共识展示地机制和数字身份担保背书机制，更大化的实现艺术品的价值。

五、价值交换、价值保险及风险管理

区块链能够节省所有交易的结算时间，从几天、几周的周期缩短到几分、几秒，对艺术资产的交易实行无银行账户人员或金融服务人员的智能金融服务体系。

以"艺博萃"为例，平台推出艺术资产交易中心，不但接受以实物资产为基础的有形对价资产注册服务，同时也提供数字科技和艺术金融手段相融合整体解决方案，例如为画廊、拍卖行、艺术家、艺术版权拥有者、IP服务商、等提供安全、便捷的艺术品注册、确权、溯源、应用开发、数字资产孵化、保险等服务，配合其之后在"艺博萃"平台的数字资产挂牌交易。整体链条解决方案的推出为垂直的艺术品行业解决了真伪、定价、流转、保险等关键性问题，为用户大大提高了产品透明度、降低门槛、提升效率，降低成本，推动全球艺术品金融进入"风口"。

六、"艺博萃"服务内容简介

利用区块链技术的，博雅"艺博萃"平台聚合全球最优质的艺术品资产，面向全球开放，将打造公平、公正的世界级艺术品数字资产交易平台。

博雅"艺博萃"平台提供的是服务，实现各种人的需求，进入端的诉求通过输出端来完成。通过"艺博萃"数据库平台，让各种人从需求端进入，从期盼端出来。在这个过程中，"艺博萃"会推出各种服务产品，收取相应的费用，具体内容如下：

艺博萃可产生的盈利点

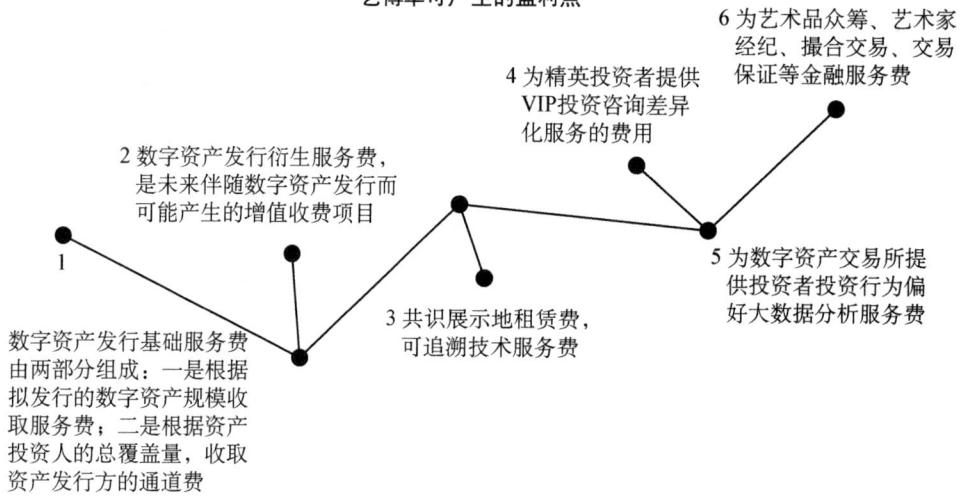

2 数字资产发行衍生服务费，
是未来伴随数字资产发行而
可能产生的增值收费项目

4 为精英投资者提供
VIP投资咨询差异
化服务的费用

6 为艺术品众筹、艺术家
经纪、撮合交易、交易
保证等金融服务费

1

数字资产发行基础服务费
由两部分组成：一是根据
拟发行的数字资产规模收
取服务费；二是根据资产
投资人的总覆盖量，收取
资产发行方的通道费

3 共识展示地租赁费，
可追溯技术服务费

5 为数字资产交易所提
供投资者投资行为偏
好大数据分析服务费

艺博萃平台的盈利分析

第 九 章

区块链 + 汽车

第一节　概述

区块链通过分布式记账的信用建立模式，为各行业的发展注入了新的动力。汽车产业作为传统行业，在百余年的发展中一直是各种新兴技术的积极应用者，代表着工业发展进步的水平。汽车产业价值链长，横跨第二、三产业，覆盖了研发、生产、金融、贸易、大数据、交通出行等各种商业领域。同时，汽车作为消费品，普及率高，随着电气化水平的提升，装备的各种高精度、高稳定性传感器，可实时监控车辆及交通环境信息，成为高可靠性的物联网终端。汽车与区块链结合，可有效地解决数据上链前的防污染难题，将有望成为区块链首批落地应用的商业模型。首先看看汽车行业的特点。

一、汽车产业协作方多、产业结构稳定

从 1896 年奔驰发明汽车，到福特 T 型车被生产，再到中国自主品牌及新能源汽车的发展，汽车产业的演变始终围绕着生产组织方式和新技术应用。随着车辆的科技水平不断演进和车辆生产规模的不断跃升，行业内的分工呈精细化发展趋

势，形成了以汽车主机厂、汽车零部件厂、汽车销售服务公司、4S店销售服务体系构成的汽车产业结构，其服务体系也从加油、维保延展到保险、金融等领域，因而汽车产业的价值链特别长，供应链参与方特别多，汽车产业结构也相对稳定。

二、汽车产业标准一致

汽车产品的首要属性是安全，性能稳定和产品一致性是汽车的基本要求，因此汽车行业普遍采用 ISO/ TS16949 质量体系，使不同企业、不同地域的合作方能够实施同样的质量标准、交流语言。客观地讲，ISO、VDA、CMMI 等质量体系的推进及实施，形成了汽车行业跨企业大规模协同的基础。

三、新技术、新入局者，正在酝酿汽车行业的变革

汽车行业巨大的经济价值、数据价值吸引着革新者不断进入，以自动驾驶汽车为代表的新技术将重构汽车使用生态；以特斯拉为代表的造车新势力，为汽车行业注入新的活力。但经过一系列的技术、产品、模式的探索后，企业行业的效率还未得到本质性的提升，汽车产业格局还未发生变化。实践也证明，汽车研发和制造需要强大的技术、资金实力和行业底蕴。相对于互联网行业的更新迭代速度，汽车行业实在太慢。当前汽车的主流消费群体已经是 85 后，这是互联网的原住民，在快捷、便利的互联体验对比下，汽车产业该如何抓住客户，满足使用需求，是每个车企都在积极思考的事情。

区块链技术为汽车行业创造了新的发展契机和想象空间。区块链的核心在于用技术创造多方信任机制，解决数字世界的数据与现实世界的物、资产和人的可信问题，促进跨机构、跨个体的高效协作。现实世界和数字世界有很大的区别，数字世界可以复制、更改，如何保证和物理世界一样真实有很大挑战。区块链在汽车行业应用为这种信任提供了一种可能，将带来在生产关系层面的变革。如何

利用智能合约、分布式账本、共识机制、去中介化、开放性、不可篡改等特质，为汽车产、供、销、用的多中心、长链条的体系带来变革，将是我们本章所探讨的内容。

在一辆车的生命周期中，研发生产阶段是主机厂、各级零部件厂形成的多中心协同体系；在销售环节和质保期内，是由主机厂作为唯一中心，发射状带动供应商和维修服务体系；过了质保期直到报废，则是全社会多个参与主体、多中心的运作模式。汽车行业的巨量数据被生产和交互，多协作方参与的信任机制、大批量生产的效率需求，都可借助区块链技术实现。

我们认为，区块链还处于理念传播及方法论研讨的准备阶段，区块链大规模地商业应用仍面临诸多挑战。从方法论本身来看，挑战分别是来自安全、信息保护、交易性能和激励机制。在安全方面，所有项目均为开源，在智能合约、用户公钥私钥管理、底层公链共识机制等方面均存在被攻击的可能，多中心化的模式下，没有中心化的平台来承担责任；信息保护方面，个人敏感信息和商业机密信息保护诉求，与多方参与共识机制之间需要找到有效的技术性解决方案，在汽车产业链中，有技术专利信息、产品配置信息、商务信息需要保护，甚至交易方主体也需要保密，各主机厂并不希望让其他竞争对手了解到自己与零部件企业的交易信息，而共识机制是需要所有的链上参与方能够了解并认可。在交易性能方面也存在制约。区块链需要有多方共识机制，而多方共识的交易效率较低，特别是随着节点数目增加，效率下降将会更加明显，在期待公链技术进步的同时，什么信息需要在区块链上存储、以什么样的频度来存储，都需要结合业务实际来定义。在激励机制的设计方面，类似于比特币的"挖矿"机制明显不适合汽车产业区块链的应用，还需要把现实工作当中各参与方的价值增值工作转化为"挖矿"贡献，这需要链上各相关方根据共同认可的基本原则，共同参与制定，才能解决上链多方的利益协同和分配等问题。从区块链落地来看，基础设施远未成熟。区块链的理念无疑是开创性的，回归到底层技术本身，可以说还在刚刚起步阶段，当前已有的公链在处理速度方面还与真实的商业要求相距甚远。

区块链和汽车产业逻辑的各自优势相结合，将为突破以上四方面挑战提供实践探索的机会。

1. 汽车价值链各阶段主体不断变化带来的信息衔接、利益分配等方面的低效环节，通过无差错、全网分布式记录各方数据，解决汽车产业上下游信息链路长、传递效率低，以及对消费者信息不透明等问题，为全产业链的参与者带来可感知的效益。

2. 区块链的核心是数据的分区块、分布式存储，并形成多重备份和交叉验证，从而防止造假或篡改。车辆交易、管理、维修、行驶里程、事故等数据，可能被事后造假或伪造，难以获得市场参与者的信赖。区块链技术将为汽车生态圈建设提供新的信用基础，同时，产业链上下游参与者的业务合作和信息流交接特性，有利于形成"相互验证体系"，解决大数据间相互信任的问题，进而打造连续、闭环的数据传递回路，建立值得信赖的车辆整个生命周期的记录。

3. 利用区块链完善汽车行业知识产权保护。汽车行业是创新集聚的领域，每时每刻都产生大量专利。专利保护的目的是实现"公开"的"独占"，独占是排他性的权利，公开是给公众提供获取专利信息的正常渠道。区块链则分别用不可篡改与去中心化的特性提高专利独占与公开的可靠性。企业可将专利内容在区块链上获得唯一的哈希值和时间戳，一方面，区块链由众多节点共同维护数据的特点确保了信息的开放性和平等性；另一方面，区块链的不可篡改和不可抵赖的智能合约确保了专利的所有者权益，从而实现对各参与方的数字内容知识产权进行保护。

4. 清晰各方贡献，提高全产业链参与方的活跃度。区块链技术支撑下的汽车产业链生态，围绕着一台车，各段参与者在连续记录的情况下无法伪造，数据值得信赖，即可使原本孤立的众多汽车相关服务、产业联结为一个生态圈，获得值得信赖的车辆整个生命周期的记录。共享奖励体系使得为汽车区块链作出贡献的参与者获得奖励，从而带动参与者的积极性。例如，当前通过智能手机 APP 搜集的车辆行驶数据，被视为是服务平台的资产，车主或驾驶员无法主张数据的所有权，个人并未享受数据带来的经济效益。区块链技术将有助于清晰数据来源，实现归属确权，从而促进数据共享，打通数据孤岛，吸引更多的活跃司机，为车辆研发、交通规划等贡献更高质量的数据，更为重要的是，形成了公平透明的贡献和奖励机制，会极大地调动参与方的积极性和创造力。

第二节　汽车区块链研究方法

预知未来最好的方式，就是创造未来。我们无法预估区块链何时能够真正地改变汽车行业。但思想准备好了，有产业突破是迟早的事情，为在行业中占领先机，各相关方应尽早启动区块链结合项目的研究，打造汽车行业 DAPP 商业场景，未来可灵活地选择满足要求的公链，当然汽车产业将极有可能创造出公链。

根据汽车行业的特殊要求，我们"区块链＋汽车"模型中设定以下边界条件：

1. 汽车产业价值链上的参与方是可见且稳定的，汽车区块链的公链可以是以汽车产业集团计算机云为核心，并吸引上下游产业链参与者加盟，形成由加盟者计算机组群共同运行的多中心的"加盟链"运行体系，汽车消费者也可参与其中。将分散于各段价值流的众多生产企业、服务机构、消费者、汽车交易、交通环境、事故保险等核心数据记录于区块链上，通过将数据及时同步共享，形成一个整合生态圈。

2. 智能合约与现实商业社会运行相结合。通过设计更多的激励反馈，将机制从耗费能源的 POW 或 DPOS "挖矿"机制产生"数字加密货币"，丰富转变为汽车产业链的多种价值贡献行为，为诸如二手车交易、自动驾驶企业及保险企业等企业提供增值服务。此时产生的利益将成为车辆所有人的额外收入；将"数字资产"的转让认证和记录，丰富转变为技术信息、物料信息、商务信息以及交易方身份的合法性、真实性、准确性验证；将获得奖励的门槛降低，只要是汽车产业链价值创造的参与方，都可以参与区块链，获得奖励，从而改变当前需要昂贵矿机的状况。

3. 在物联网技术的支撑下，解决各种实物凭证、文档资料、零部件实物、整车等传递或物流过程中的跟踪、防伪、防篡改等。从而不再需要开发和运行系统内生数字币（"虚拟资产"），进而将区块链融入到现实世界之中，真正解决现实世界的实际问题，并充分满足国家法律和监管要求。

4. 数据存储。车辆全生命周期将产生巨量数据，考虑到区块链分布式存储机制带来的吞吐量不足的情况，应将数据区分为核心信息和业务信息两大类，存储于不同的场所来提高区块链网络的效率。核心信息为所有权具有排他性的归属于企业、个人的数据；另一种为可公用的数据。具有所有权数据不记录在区块链上，而是经加密处理另行安全地记录在分布式存储库中，区块链上只记录该数据加密后的哈希值作为索引。可公用的数据记录于区块链中，网络的所有参与者都可以查询，此数据中不包括敏感信息，包含的是车辆基本信息及有关重要事项的索引。车辆是连接价值流各段的中枢信息，当所有权被移交时，存储于分布式存储库的数据，除隐私外均可与新的车主共享。

第三节　汽车区块链应用

一、汽车研发环节

1. 现状

汽车研发是涵盖了材料研究、零部件开发、设备开发、生产工艺开发、整车集成、测试验证等多门类、多学科的系统工程，目前广泛采用的是由主机厂定义车型，层层需求分解来拉动的瀑布式开发模式。主机厂作为中心，直接辐射近千家供应商，供应商的层级超过 4 层。为保证最终产品的质量，每层供应链都会为自己的开发周期、设计指标留有安全裕量。每个层级的供应商都要完成自己的实验验证后交给供应链下游，进一步做集成实验，最后由主机厂完成路试耐久及三高实验（为适应中国不同地域而进行的夏季高温，高原和冬季低温实验）。由此可以看到串行开发模式下，周期长、费用高、设计冗余是当前汽车研发过程中的主要问题。

另外还存在车辆功能需求传递过程中信息失真等问题,比如:从整车到动力总成模块级,再分解到零部件,最终分解到芯片、材料级,这过程会涉及到不同的供应商企业。信息交互中要解决信息保密、版本控制等问题,尤其在发生实验失效而设计变更、需求变更等情况下,对各相关方的影响需要主导方严谨地分析后才可慎重认可设计变更,这种中心化的串行模式还有比较大的效率提升空间。

2. 革新预期

区块链的分布式存储方式,以及不可篡改的特性将给开发相关方的信息传递带来效率和准确性的革新。比如,主机厂可将需求发布在公链上,相关开发方可以第一时间获取需求,上下游合作企业及时同步信息;通过哈希值,对企业文档进行版本控制,可有效简化当前汽车行业文档受控管理工作量;产业链上,同一项目中任意参与方发生设计变更,则第一时间同步到所有网络节点,相关方可快速评估影响,及时采取措施。汽车行业的质量意识告诉我们,高质量的产品是设计出来的,而非生产出来的。一个设计缺陷,如果在设计阶段被发现,则修改图纸即可改进,如在生产阶段被发现,则需要修改模具、改变生产设备或工艺,如果在终端市场被消费者发现,则可能承担产品召回的巨大损失。因此,设计缺陷越晚被发现,其造成的代价将是呈几何级数增加。区块链技术应用到汽车的协同研发阶段,各节点同步获得数据,同步采取措施,信息对称后可减少误解,最大限度地提高协同效率,缩短研发周期,减少返工成本,提高研发质量,推动汽车工业的发展。

汽车产业联盟共同参与建立区块链,以整车项目为主线贯穿价值链各环节。各企业工程师、项目经理、技术专家将成为区块链上的各个节点,接收信息,同时做出贡献,带来工业增加值。开发结束后,将根据每人在区块链上的数据记录自动完成绩效评估,由企业支付奖励。无论车辆在市场表现如何,都可追溯到相关开发人员,实施奖惩。

二、生产采购环节

1. 现状

在每一个伟大的汽车品牌后面,必然有众多不同层级的优秀供应商在默默支持。每辆车有上万个部件，只有极少数部件的生产是在主机厂生产线上完成的，每个供应商的产品还会包含诸多的子零件。类似于区块链的链式结构，一辆车的零件配置清单也将是链式递进、层层分解的结构，汽车行业普遍采用 BOM（零件清单）来进行子零件管理，同时主机厂管理 tier1 供应商零件清单，tier1 管理 tier2 的零件清单，依次类推，大家各管一级，且都对上级负责。这种方式带来的问题是没有一个人会掌握贯穿全产业链的数据信息资源，发生问题需要层层排查，效率可想而知。

在生产环节，为了进一步实现精益生产，由主机厂排产拉动供应商按照约定时间供货到生产线，减少库存占款及库存场地等成本。如何有效协调各级供应商以及物流运输公司，以确保各个零部件及时交付，与实现库存水平的最优化动态管理，相信是每一个制造商的课题，从备受产能困扰的特斯拉到以精益管理见长的丰田，无一例外。

为控制质量，各级供应链要进行出厂产品质量检测，入厂来料检验。而且上下游间的检具、检测方式都是按约定采用相同的方式重复购置，这是由于信任等原因带来的管理成本；另外信息也不完整，追溯信息不仅应该包含零件本身的性能、材料、生产时间等信息外，还应包括生产、物流等工艺过程参数，但以当前的管理方案很难兼顾。

2. 革新预期

区块链将汽车行业零件配置管理、质量管控、零件溯源方面带来提升效率的契机，而基于区块链的系统在提高各方之间信息透明度的同时，改善即时物流的动态管理，从源头上减少订单错误率并有效提高库存周转率。区块链可以跟踪整个供应链中产品和零部件的流向并记录来源。链中的块可以追踪每个组件的每个零件并提供可追溯性。如果零件失效，可以确定谁制造了这个有缺陷的零件。通过这种模式，可以降低召回成本，因为汽车制造商不必召回整批车辆，甚至还可以精确地确定哪些零部件需要更换。

区块链将提高产品成本的透明度。一般而言，一个产品的成本由原材料成本、生产增加值、研发分摊构成。当前汽车产业相关参与方的采购部门，有一个比较大的工作量就是核算采购成本。区块链将帮助企业轻松完成以上事项，让最终消费者享受到更多价格福利。

区块链的记账机制，将为供应链金融提供信用背书。通常情况下，汽车制造商必须等待几周乃至几个月才能从经销商处回收车辆款项；而汽车制造商需支付给各级供应商的款项由于各项清单、信用证等等大量银行文书工作也会造成非常漫长的财务周期，而且在彼此支付的过程中，还会受到非常多条件的制约。而基于区块链的系统的高透明度的准确信息，可以大大压缩处理流程，甚至可以安全地在数分钟或数小时内完成支付。

另外，汽车生产线由高度自动化设备组成，具有高生产节拍、柔性化、高可靠性的特点，同时每一个工位的每一个动作都有传感器记录数据，是工业物联网最高水平，同时也是工业大数据的重要来源。区块链可有效解决数据的归属及保密的问题，这样汽车生产过程中的大数据将会创造更多更大的价值。

三、汽车销售环节

1. 现状

汽车生产出来后，是通过4S店销售体系交付到用户手中，而车辆都是"一地生产全国销售"，这就需要成品车物流将车辆按照订单配送到全国各地的经销商；汽车的价格也是基于地域在指导价的基础上浮动。在汽车的销售环节，从客户的角度有太多的痛点需要解决，首先是客户选择车辆后，往往需要支付定金后，4S店才会向主机厂CALL车，用户交易的繁琐度较高；客户选定车型后，主要关注价格。实际中，往往不同的购买者价格不同，销售人员要花费大量的时间成本与客户确定价格；客户提车时间不确定，等待期的焦灼是多数车辆购买者都经历过的；客户提车时，往往没有手段检测车辆，只能在车况不明的情况下接受。

主机厂与经销商的合作中，主机厂需要及时监控经销商车辆销售情况，获得经销商回款，新车出厂后物流配送到4S店，如果4S店在约定的时间内（一般30天）未售出车辆，则并不支付购车款给主机厂。但如果新车形成销售，则一定要将车款打给主机厂。为防止经销商隐瞒车辆销售的信息，主机厂将车辆合格证植入芯片，芯片可与特制的盒子感应，如果车辆销售后，势必需要合格证办理上牌保险等业务，一旦合格证从盒子中取出，主机厂将收到信息，并以此监控4S车辆销售情况。

2. 革新预期

区块链结合汽车物流销售环节，将给消费者带来极大的便利，区块链信息可以提供透明的价格信息查询渠道，让消费者公平地享受购车服务，同时解放车辆销售人员的时间，用于服务客户，创造增值。消费者购车也不需要支付定金，只需通过区块链上传购车需求，即可作为信用凭证，拉动车辆的生产和送达；消费者通过区块链上各环节的信息共享，及时了解车辆的生产、物流信息，及时掌握车辆的状态；在提车时，直接查阅区块链上的车辆历史信息，即可知道车辆下线检测的各方面结果，放心提车。区块链技术也将帮助主机厂全面、及时地了解终端车辆的预定、销售情况，并为车辆排产、供应链拉动提供宝贵的提前量。更为重要的是，通过区块链可将每四年（一般车主的换车周期）与消费者见一次面的情况，通过不断的信息交互，建立持续联系，有助于提高用户的品牌忠诚度以及获取反馈，改进优化产品。

四、汽车使用环节

1. 现状

汽车后服务市场大体上可分为七大领域：保险、汽车金融、汽车改装、养护美容、汽车维修及配件、汽车文化、二手车及汽车租赁。目前存在的主要现象有：

（1）行业的服务质量和服务价格没有明确的标准体系，汽车后市场服务正处于一个十分混杂、信息不透明的状态。一方面的原因是车辆的保养、维修、交易信息没有可靠的记录方式；另一方面，汽车后市场服务的复杂性和高度专业性导致车主难以准确评估服务质量，致使"劣币驱逐良币"的现象非常普遍，后市场还缺乏合适的技术手段来解决此类问题。

（2）万亿级体量的汽车后市场无法规模化，集中度相对较低，行业内还没有市场占有率相对较高的领军企业。比如，2017年国内汽车养护市场的规模达到人民币7 000亿元，而市场相对知名的公司"途虎养车网"的年收入仅为20亿元，在整个市场占有率不到0.3％。

（3）售后各参与方信任缺失。车主、汽修、汽配商的关注完全不同，无法建立信任。普通驾驶者在车辆出现问题时，无法确认维修费用是否合理，这使得驾驶者只能按照维修人员的要求支付费用。各方诉求不同，车主要高质量、低价、快速修车；汽修企业希望车主不挑剔、有黏性；配件商希望多卖高价、低成本配件，最好不断重复地买。由此导致用户忠诚度低、黏性差，流量自然不稳定，数据不精准，维修企业经营也就比较累；二手车交易时，买方无法完全信任所提供的事故及维修简历，同时也根本无处查看车辆行驶情况等详细内容，这使得卖方不得不降低价格，而买方即使以低廉的价格购买到了车辆，仍心存疑虑。

2. 革新预期

在区块链技术的支持下，各方共同打造没有假货，利润合理，彼此互信，支撑共同发展的闭环生态圈。可以更加广泛地促进行业健康发展，个体之间良性可持续的互惠互利。

（1）车辆维修

区块链技术可建立维修大数据和事故记录，可按照用户所处状况的不同推荐合理的维修费用范围，使得顾客不必支付不合理的费用。比如业内已经出现"车安心"手机应用，用于维修案例的大数据检索系统，数据可能包括汽车的 VIN 码（每车唯一标识）、保修、里程表读数和维修信息、驾驶行为、事故历史等。维修人员可便利地通过手机记录、上传维修方案，或通过对维修行为进行评价而获得奖励。

（2）售后配件

众所周知，山寨零配件会对车辆造成极大的安全隐患，且也将会严重损害汽车制造商的品牌声誉。区块链可以用来为汽车的每个物理组件提供清晰的出处。区块链的系统可以为汽车制造商、4S 店以及消费者追溯零件的原始制造日期、地点等精确信息，而且相关信息的任何变更也将实时更新。

（3）二手车交易

二手车交易阶段，未发生过事故、精心养护的车辆应该卖出好的价格。当前为了了解车辆维修信息，二手车公司都在四处购买汽车维保数据记录，以更好的评估残值。汽车的全生命周期，特别是里程碑节点的事件通过区块链技术不可篡改地记录下来，通过公开的方式让所有节点（二手车经纪人、买卖者）公平使用，成为二手车交易阶段评价车辆价格的重要尺度，以实现交易的公平。

五、交通出行

共享化出行是未来交通出行的趋势，基于闲置汽车所提供的闲置产能，通过区块链技术建立信任，在公链进行信息的交互、价值转换，消费者可以通过共享的方式，以非常低的成本获得出行服务；消费者随时将自有车辆加入，也可以租赁汽车。当有出行需求时，只需要进入该区块链，按照标准筛选出符合自己需求的车辆，然后该区块链应用会对租借双方进行身份确认、合同签订、数字支付等一系列操作。

引入区块链后，消费者完全不用担心签订的智能合约被篡改，或者当条件满足时合约不执行。我们甚至不用去理会跟我们签约的是谁，只需要相信区块链系统会把剩下的事情全部完成。我们每次停车、还车后，就会触发智能合约，从账户中取出相应的金额转账给对应的机构，省去了手动付款的繁琐，提升使用体验的同时，支付过程还更安全。另外区块链可以安全地存储和整合用户的在线交易信息和信用评价。

海量交通数据创造价值。区块链可以实现对出行数字资产归属确权，形成对大众的激励机制，驾驶者把自己通过车联网设备和行车记录仪所采集的、行车期间的车内车外数据，同步到网络。消费者同时也是生产者将获得奖励，从而改变当前如滴滴平台，驾驶人员再努力工作也只能拿到运营收益，而行车交通数据创造的价值完全被平台所独占的情况。比如，区块链记录下汽车行驶过程中包括路况、天气、交通等数据，可以为自动驾驶提供研发支持。区块链还可以进行身份识别、访问控制并保证数据的真实性，在智能合约的帮助下，车主可将所记录的行驶、事故、维修数据，出售给需要该数据的自动驾驶汽车企业、保险企业，而获得额外收入。

六、保险金融等其他应用

在区块链技术背景下，基于日常驾驶和服务事件建立共享账本，还将对汽车保险有本质性的改变。在模式方面，保险公司可以提供分时保险服务，即按照车辆实际启动及行驶的时间来购买保险；在定价方面，可以根据车主驾驶习惯制定保费，改变汽车金融提供商和保险公司不了解司机真实驾驶行为以及汽车服务的历史。同时通过对零部件追溯源头，理赔发生场景数据记录，可有效降低保险公司的运营成本、理赔成本。消费者可以凭借良好记录获得更加优惠的金融支持或保险服务。区块链提高了车辆真实磨损信息的透明度，将有助于汽车金融服务提供商更准确地衡量车辆的剩余价值。

结语

综上所述，我们看好区块链的长期价值，更看好区块链与汽车行业相结合的前景。长期来看，信任机制的变化，可能彻底改变整个人类社会的价值传递方式，汽车的大批量生产特性以及超长的价值链，为区块链的实践探索提供了丰富的选择。这让我们看到汽车未来发展的更多可能，区块链技术的潜力依托于汽车这个具体场景也能得到进一步释放。

第 十 章

区块链＋人工智能

近两年来，几乎人人都在说区块链，区块链在短短几年时间迅速被推上神坛。区块链说到底就是一个建立在互联网基础上的 P2P 网络。

如果说互联网 TCP/IP 协议让人类进入了信息高度传输的新时代，那么，区块链的模式创新是将人类带入信息的自由公证时代。当然，新时代需要更强的多方协调基础，特别是区块链面临的技术、监管和社会方面的复杂性也是前所未有的。

互联网 TCP/IP 协议于 1972 年推出，最开始是美国国防部研究员在阿帕网上发送电子邮件的基础技术。TCP/IP 颠覆了最早的电路交换模式，新协议通过将信息数字化，分为极小的组来传递消息，创建了一个开源共享的公共网络，最初的很多年里没有任何中央机构为其负责基建的运维升级，直到万维网出现。随着硬件、软件和服务迅速地规模化发展，TCP/IP 用了 30 多年的时间，走完从单个案例到本地化，到取代和革命传统行业，到革命了整个经济。如今无论是中国还是全球，最有价值的上市公司中，超过一半都是通过互联网驱动的商业模式。

而区块链是一种可以大幅降低交易成本的技术，我们可以试想它是下一个互联网"金矿"。区块链的推广普及和应用场景的不断联动，未来合同将嵌入数字编码并保存到透明、共享的数据库中，可以最高程度防止数据被删除和篡改。到某个阶段，每份协议、每个流程、每笔交易都会产生一个可识别、可验证、可保存的数字签名记录。

事实上，区块链不能算是一种颠覆性的技术，它的交互不能用更低成本的解决方案去颠覆传统商业模式，而是作为一种基础技术，为经济、民生、物联网等体系提供一种更公正、更优秀的基础。

比特币，作为区块链技术的鼻祖，可称为"区块链1.0"版本，但是比特币在最初设计的过程中，并没有考虑到这个技术会在未来大规模地商业化使用，所以比特币的核心是挖矿和建立分布式账本，商用扩展性和效率极差。从2008年到2016年以后，以比特币为代表的"矿场"在线交易十分拥挤低效。显而易见，大部分商业密集交易活动均不适合在比特币上开展。于是就有了以太坊这类公链，以智能合约为核心，为区块链的大规模商用提供了更合适的接口和体系，同时提升了效率。因此，业界认为以太坊可以称为第二代区块链技术，或"区块链2.0"。

在现有的商业模式体系内，持续记录交易往来是每家公司的核心职能。上市公司每季度需要发布企业经营情况公告，团队需要每月、每周提供产品发展情况。这些记录追踪过去的行动和表现，并指导未来计划的制定。记录不仅说明了组织内部的运营情况，还有组织的外部关系。每家企业都有自己的记录，且大部分不对外公开。校对这些信息，是一件很耗时耗力的工作，且容易出错。

区块链系统中，账本在大量相同的数据库中复制，每一个数据库都由一个利益相关方主管和维护，任何一份文件有改动的话，其他所有文件都会同步更新。

智能合约在区块链中至关重要。同样，智能合约可能是目前最具改革性的区块链技术应用。只要符合交易合同条款要求，智能合约就可以实现自动支付和货币等其他资产的自动化签收、转让。

从区块链的普及来看，区块链的应用场景越多，应用规模越大，则普及就需要非常大的机构性改革。区块链的运作原理中，有五大基础原则：1.分布式数据库；2.P2P传输；3.使用化名提高透明度；4.记录不可更改；5.计算逻辑。

为什么以区块链为基础的创新最先出现在金融服务领域？主要是因为金融领域的协调度要求不太高，标的清晰。现在市场上，以区块链为基础的产品，开始出现多样性的特征。区块链社交、区块链应用到农产品的供应链、区块链结合正品的识别码等产品都在强势推行，并展现了区块链技术的价值。我们都期待以区块链为核心的改革性创新最终会成功，并带来价值。

第一节　关于人工智能

人工智能（Artificial Intelligence），简称 AI，是研究、开发用于模拟、延伸和扩展人的智能的理论、方法、技术及应用系统的一门新的技术科学，是计算机科学的一个分支，它企图了解智能的实质，并生产出一种新的能以人类智能相似的方式做出反应的智能机器，该领域的研究包括机器人、语言识别、图像识别、自然语言处理和专家系统等。

AI 诞生以来，理论和技术日益成熟，应用领域也不断扩大。近 30 年来，AI 在很多学科领域都获得了广泛的应用，包括：生物识别、专家系统、智能搜索、自动规划、定理证明、博弈、智能控制、遗传编程、语言和图像理解等。人工智能的时代已然来临。未来人工智能带来的科技产品，将会是人类智慧的容器。人工智能可以对人的意识、思维的信息过程进行模拟。人工智能不是人的智能，但能像人那样思考，也可能超过人的智能。据 Venture Scanner 统计，2014 年人工智能领域全球投资额为 10 亿美元，2015 年全球人工智能公司共获得近 12 亿美元的投资，预计 2020 年全球人工智能市场规模预计超千亿。在未来 10 年甚至更久的时间里，人工智能将是众多智能产业技术和应用发展的突破点。

一、AI 的历史

人工智能的起源，可以追溯到 1495 年，达芬奇所设计的机械骑士，具有移动和挥动武器功能，其设计笔记在 19 世纪中期才被重新发现。当然，在此之前，希腊神话中的人造机器人不胜枚举，如赫淮斯托斯的黄金机器人和皮格马利翁的伽拉忒亚。

人工智能的假设便是人类的思考过程可以形式化（即"形式推理"），形式推理的研究由来已久，如著名的亚里士多德三段论、欧几里得的几何原本都是形式推理的典范。17 世纪中期，许多哲学家将思考系统化为代数学或者几何学，如莱布尼兹，托马斯·霍布斯和笛卡尔。这些形式化的符号系统，便成为 AI 研究的载体和指导思想。

那么人工智能的核心问题便是：什么时候机器才能成为智能？而这一问题也是二元并存理念和唯物论思想的区别，二元论并存者认为头脑是非物理能够解释的，而唯物论者认为头脑可以用物理解释，并承认人工智能的可能性。在 1950 年，图灵提出了"图灵测试"，它用于判断机器是否能够思考。测试内容是：一个人（C）在不能看到机器（A）和另一个人（B）的情况下，使用 A 和 B 能够理解的语言询问任意问题，C 不能区分出机器和人，则机器 A 通过图灵测试。

20 世纪 40 年代基于抽象数学推理的可编程数字计算机的发明使一批科学家开始严肃地探讨构造一个电子大脑的可能性。1956 年，约翰·麦卡锡等人召集志同道合的人共同讨论"人工智能"（此定义正是那时提出的），会议持续了一个月，集思广益，催生了后来人所认知的人工智能革命。

自会议以后，人工智能迎来了其发展的黄金时代，涌现了大批成功的 AI 程序和新的研究方向，如：搜索式推理、自然语言、微世界。然而，到了 70 年代，AI 遭遇了瓶颈，AI 开始遭遇批评，随之而来的还有资金上的困难，人工智能进入第一个低谷期。在 80 年代，一类名为"专家系统"的 AI 程序开始为全世界的公司所采纳，而"知识处理"成为了主流 AI 研究的焦点。80 年代中商业机构对 AI 的追捧与冷落符合经济泡沫的经典模式，泡沫的破裂也在政府机构和投资者对 AI 的观察之中。尽管遇到各种批评，这一领域仍在不断前进。现已年过半百的 AI 终于实现了它最初的一些目标。它已被成功地用在技术产业中，不过有时是在幕后。这些成就有的归功于计算机性能的提升，有的则是科学家们在高尚的科学责任感驱使下对特定的课题不断追求而获得的。不过，至少在商业领域里 AI 的声誉已经不如往昔了。

二、AI 的发展

现在的人工智能，直白来讲就是"样本 + 模型 + 反馈"。模型就是算法，每个模型都有一定的表征空间，通过样本对模型进行训练，使模型能够表征样本，输出分类结果或是拟合结果。人类通过使用模型，判断其好坏，决定是否重新训练模型或者增加新的样本。

人工智能在机器视觉中的发展是其他方向的典范，ImageNet竞赛对机器视觉的推动作用尤为重要，对数千万张图片进行分类（数万个类别），这一比赛取得重大突破是在2012年的深度学习，这也是后来深度学习革命的开始。后面深度学习的硬件、模型、应用领域都取得了快速的发展。现如今，深度学习对于图片分类问题的精度已远超人类。

人工智能的基础是样本，类似于孩子的学习过程，学习的内容少，或者学习了错误的内容，那么模型便不能为人所用，"智能"则只是空谈。因此，好的智能，需要大量且准确的样本，而区块链或许能弥补这一缺陷。

人工智能让社会大众广为知晓的事件是阿尔法狗（AlphaGo）和机器人索菲亚（Sophia）。阿尔法狗是专注围棋领域深度学习的人工智能程序。

2016年1月，阿尔法狗在没有任何让子的情况下，以5∶0完胜欧洲围棋冠军、职业二段选手樊麾。在围棋人工智能领域，实现了一次史无前例的突破。计算机程序能在不让子的情况下，在完整的围棋竞技中击败专业选手，这是第一次。2016年3月，阿尔法狗挑战世界围棋冠军李世石的"围棋人机大战"在首尔举行。比赛采用中国围棋规则，最终阿尔法狗以4∶1的总比分取得了胜利。2016年12月到2017年1月，阿尔法狗在弈城围棋网和野狐围棋网以"Master"为注册名，依次对战数十位人类顶尖围棋高手，取得60胜0负的辉煌战绩。2017年5月23日到27日，中国乌镇围棋峰会上，阿尔法狗围棋以3∶0的总比分战胜排名世界第一的世界围棋冠军柯洁，真正的一战成名。

索菲亚在2017年10月获得沙特阿拉伯授予的公民身份，也是历史上首个获得公民身份的机器人。2018年3月21日，尼泊尔加德满都，人形机器人索菲亚参加联合国可持续发展目标亚洲和太平洋地区创新大会。

自从这两个人工智能程序开始，大家深刻感受到深度学习的威力。

2017年，人工智能被首次写入我国政府工作报告中。报告中指出，要加快培育和壮大包括人工智能在内的新兴产业。这意味着人工智能已经上升为国家战略，在中国的政治、经济、学术领域都成为了重中之重。2018年，李克强总理的政府工作报告提出：发展壮大新动能，做大做强新兴产业集群，实施大数据发展行动，加强新一代人工智能研发应用，在医疗、养老、教育、文化、体育等多领域推进"互联网＋"。发展智能产业，拓展智能生活。运用新技术、新业态、新模式，大力改造提升传统产业，加强新兴产业统计。

从人工智能的应用场景来看，我们更希望它可以落地到一些更符合民生、更符合用户需求的方面，比如教育、医疗、政法、养老这些行业。

第二节　AI 与区块链的相互影响

区块链是分布式网络中由各方共享的安全分布式数据库，其中交易数据可以记录下来，易于审计。近年来，它已成为网络安全、物联网、数字分类账等数据技术的前沿领域。目前，由于它提供的巨大潜力和无数的应用，区块链技术的发展正在投入巨大的研究和投资。此外，区块链技术被证明是自互联网发明以来最重要的技术突破，预计在未来几年内它将成为许多企业的重要组成部分。区块链技术保证数据准确性的能力，无论是将数据送到 AI 系统中，还是记录结果，都对 AI 应用程序起到了很大的作用。

眼下，人工智能正在与很多行业相结合，例如金融、医疗、安防、等领域。其实，这些应用的背后，都源于大数据对人工智能的极大推动。然而，除了大数据，区块链技术也在逐渐改变人工智能。区块链对 AI 的第一个好处是数据共享。由于 AI 涉及大量数据，区块链可以帮助 AI 应用程序安全地通过互联网传输该信息。可以节省数据生成点和分析点之间的大量处理时间。自操作设备的自主性要求设备间通信的安全性非常高，这是区块链可以解决的另一个问题。区块链还可以确保 AI 模型依赖的数据是真实的。

AI 和区块链是两种主流的技术，它们正在催化创新的步伐，并在各个行业中引入根本性的转变。它们各自都有自己的技术复杂性和业务含义，但两者的联合使用可能从头开始重新设计整个技术范式。

一、区块链如何改变 AI

区块链能够帮助 AI 解释自己，有一个清晰的审计跟踪，不仅可以提高数据的可信性，还可以提高模型的可信度，也为追溯机器的决策过程提供了一条清晰的途径。人工智能的发展，目前还是受限于数据库的不够全面不够大，不足以最大限度地优化人工智能的算法、算力。而区块链的去中心化模式帮助人工智能行业提高算法的价值，从根本上提升其研发和拓展的效率。

AI 技术虽然先进，但是其发展模式比较落后。在数据层面，基本处于自给自足的"小农经济"模式。比如小米出品了一个 AI 音箱，第一代的生产数量在市场上供不应求。他们不是不想生产销售，而是急需第一批产品在市场上获取足够的数据，以优化下一代产品的智能算法。各大企业布局人工智能，就要开始不断地去收集数据。一切都要走别人走过的路，所以有了天猫精灵、喜马拉雅 FM 的小雅音箱。每个产品都在独立收集和获取自己需要的数据，没有人愿意共享。且说 AI 行业的专业人才也是供不应求，行业效率非常低下。

AI 领域要的共享本质上是算法、数据模型的共享，假如共享以后，别的企业获取了劳动成果怎么办？ 因此在共享的时候要保证数据和算法的安全。再者，共享方在收集数据时付出了很多成本，无偿共享是不现实的。哪怕在一定合作关系内，有限共享依然存在着接口标准化和兼容性的问题。

用区块链正好可以解决这些问题：1. 有偿共享问题：本质上是计价问题，可以把功能模块计价，再通过代币体系这个内置的"市场"来计价和交易；2. 标准化问题：将 AI 作为服务 API 来调用，企业自己来定标准，供需匹配；3. 共享安全问题：用 API 方式来做，数据、代码就不会泄露，并且区块链本身可以用数据做登记、加密。

用区块链将人工智能世界的核心数据管理起来，促进项目之间的协调性，使得原来互不协作的、封闭的、孤军奋战的、非共享化、非市场化的行业，变得市场、共享、协作。当然这个过程，也需要企业和市场的探索，主要是寻求最适合的底层架构和组织架构。

1. 提高人工智能的有效性

人工智能技术的进步取决于各种来源的数据的可用性。尽管像谷歌、Facebook、亚马逊等公司可以访问大量的人工智能数据源，这些数据对于大部分人工智能应用也都非常有用，但在数据市场上并不能对这些数据进行直接访问。区块链旨在通过引入点对点连接这一概念来解决这个问题。由于它是一个开放的分布式注册表，因此网络上的每个人都可以访问数据。

区块链的价值之一是数据共享，安全的数据共享意味着更多的数据和更多的训练数据，然后就会有更好的模型。用户可以将所有资料开放给一个去中心化的存储平台，再允许各个 AI 系统通过智能合约的方式去访问这些数据。基于如此庞大、多元全面的数据，AI 系统能够提供更加个性化的服务。

2. 降低市场的准入障碍

区块链将促进更干净、更有组织的个人数据的建立；会促进新市场的出现，比如数据市场、模型市场以及有可能还会出现的 AI 市场。简单的数据共享和新的市场，再加上区块链数据验证，这些将提供更加顺畅的集成，从而降低小企业的进入门槛，缩小科技巨头的竞争优势。在降低进入门槛的努力中，区块链能够提供更广泛的数据访问以及更有效的数据货币化机制。

3. 增加对人工智能的信任

一旦将我们的部分任务交给自动虚拟代理来管理，清晰的审计跟踪可以帮助机器人相互信任（并且帮助我们去信任它们）。在有了分项数据以及协调决策，再加上有健壮的机制到达法定人数（与群体机器人和多代理场景高度相关）的安全手段之后，这最终还将增加机器与机器之间的交互和交易。

4. 减少灾难性风险

DAO 中编写的具有特定智能合约的 AI 只能执行特定的一些动作，除此以外没有别的操作（那么它的行动空间也是受限的），避免了因为不可控所带来风险的概率。有了这个，你可以控制数据在任何数据集上的使用。对于需要隐私的行业来说，这项技术可以派上用场。人工智能的未来不可避免地是一个分布式操作系统，机器之间的交互会变得更好，我们对人类的活动也可以更好地进行建模。

二、AI 如何影响区块链

尽管区块链极其强大，但也存在自身的限制，其中一部分是与技术相关的，而有的则来自于金融服务领域固有的思想陈旧的文化。

首先是区块链自身的问题：这个技术诞生至今，都没有人工智能的能力。第一代区块链是比特币，虽然创新性的创造了一个分布式的金融体系，但是脚本语言简单，只能做简单的转账、支付；第二代区块链是以太坊等经过优化的公链平台，试图通过扩展脚本、虚拟机等方式来解决拓展区块链的功能，如编写智能合约、开发去中心化应用等。但是以太坊因为在链上运行，运算能力、存储能力和网络能力都还比较弱，无法运行人工智能的语义理解、机器学习和多层神经网络等能力，无法解决更复杂的合约条款，大大限制了链上交易和应用的空间和范围。所以，智能合约其实并非真正的"智能"，那么人工智能将为其赋予智能。

智能合约在无歧视原则的基础上，引入 AI 模型，自动判断交易模型的合理性，并自动嗅探交易漏洞，实现合约交易的文明化进程。另外，通过内置 AI 交易模型，在用户许可下，自动拒绝不合理交易，实现交易立法。比如，在公链平台上开发一个由一系列智能合约组成的板块，包括主调用合约、代理合约、治理合约、Token 合约、用户信息管理合约等。当智能合约可以使用 AI 服务后，AI 将会给智能合约赋能，并帮助智能合约实现只能人工智能治理。

加入了人工智能算法，可以解决很多非线性的和更复杂的问题，大大降低了使用门槛，也因此能够大大提升区块链技术的应用范围。AI 可以协助各个公链平台之间，以一个统一的共识机制来兼容，链成一个大网，更好地推进公正的区块链技术改造传统世界。

AI 对区块链的影响：

1. 电力消耗。挖矿是一项极其困难的任务，需要大量的电力以及金钱才能完成。而AI已经被证明是优化电力消耗的有效手段，AI的融入也许会导致挖矿硬件方面的投资下降。

2. 可扩展性。区块链是一个分布式数据库，用于维护不断增长的列表记录。庞大的列表记录中会存在一些旧的、不必要的数据，降低区块链系统的工作效率。AI的加入，可以引入去中心化学习系统，或者新的数据分片技术，能够让整个系统变得更加高效。

3. 安全性。区块链几乎不可能被攻击，但区块链更深层的应用就没那么安全了（比如 DAO、MtGox、Bitfinex 等）。过去 2 年机器学习取得的不可思议的进展使得 AI 成为区块链极好的盟友来保障安全的应用部署，尤其是鉴于该系统架构的固定性。

4. 隐私。区块链作为公开账本，解决了各方如何建立信任的问题，却也同时带来了一个新的问题：隐私如何得到保护？当用户的所有交易信息都暴露在大众面前，如果这些交易信息被恶意挖掘及利用，将给用户隐私带来严重的威胁。通过利用 AI 技术（比如同态加密、Enigma 项目、Zerocash 项目）可以很好地帮我们解决这些问题。

5. 效率。德勤（世界四大会计事务所之一）估计区块链验证和共享交易的总运行成本大概是每年 6 亿美元左右。一个智能系统可以实时计算出特定节点成为第一个执行特定任务的节点的可能性，从而让其他矿工有可能选择放弃针对该特定交易的努力，从而削减总成本。此外，即便存在某些结构性的约束，效率更好、能耗更低也许也能降低网络时延，从而让交易更快。

6. 硬件。矿工（未必是公司也可以是个人）把大量的金钱投入到专门硬件组件中。由于电力消耗一直都是关键问题，而 AI 技术是优化电力消耗的有效手段，未来还会有更多的 AI 设备被引入进来。只要系统变得更加高效，其中一部分的硬件可能就会被转化（有时候是部分转化）为神经网络所用（挖矿巨头 Bitmain 正在这么做）。

7. 人才缺乏。区块链是由技术社区驱动，仍处于早期快速发展阶段的新兴技术模式，目前尚不完备。所以，区块链对于人才的要求与 AI 不同。区块链开发更需要具备去中心化思维、实际的应用开发经验和快速的学习能力，而目前这类人才非常稀缺。而通过试图创建自动化数据科学本身以及创建新的分类账的虚拟代理，能够弥补区块链专业方面的人才缺乏所带来的影响。

8. 数据。在未来当我们将所有的数据都放在区块链上，公司可以直接向我们购买，我们就会根据需要来进行访问授权，跟踪数据使用，这通常还需要智能设备记录我们的个人信息发生了什么事情，这正是 AI 的工作。

三、区块链和 AI 的融合

区块链关注的是保持准确的记录、认证和执行，而人工智能则致力于决策、评估和理解某些模式和数据集，最终产生自主交互。人工智能和区块链拥有的共同特点，可以确保在不久的将来能够实现无缝互动。区块链做底层结构，人工智能层作为交织在底层结构上的神经网络。

AI 是算法、算力加上数据的综合结果。人工智能的计算需要服务器的载体，也可以通过分布式算力的贡献来计算。区块链上的数据如果没有人工智能的支持，总是需要中心化平台和中间人、机构来处理数据和提供服务，否则在海量的区块链数据中将难以提炼。

区块链必须融合分布式人工智能技术才可以成为真正意义上的去中心化平台，开放所有有数据分析需求的开发者之间的算力合作，提高机器学习的效率，提高区块链数据的使用价值。人工智能可以将区块链技术中，密集的自由流动的信息作出精准分类，有效地处理数据，让区块链共识推荐的数据，形成更高的价值。

人工智能的新兴领域涉及到构建算法，这些算法能够在数据仍然处于加密状态的情况下处理或操作。由于数据处理过程中涉及到公开未加密的数据，这是一种安全风险，因此减少这类事件可能有助于提高安全性。

区块链可以帮助追踪、理解和解释 AI 的决策。AI 的决定有时对人类来说是难以理解的。这是因为 AI 系统能够独立地评估大量的变量并"学习"，这对完成它们所要实现的总体任务目标非常重要。

1. 信任是必要的条件。对于任何被大家广泛接受的技术，没有比缺乏信任更具威胁力的。对于人工智能和区块链来说，信任也是同等重要。为了使机器间的通信更加方便，则需要有一个预期的信任级别。想要在区块链网络上执行某些交易，信任则是一个必要条件。

2. 人工智能和区块链需要数据共享。分布式数据强调了在特定网络上的多个客户端之间共享数据的重要性。同样，人工智能依靠大数据，特别是数据共享。可供分析的开放数据越多，机器的预测和评估则会更加正确，生成的算法也更加可靠。

3. 安全。在处理区块链网络上的高价值交易时，对网络的安全性有很大的要求，这可以通过现有协议实现。对于人工智能来说，机器的自主性也需要很高的安全性，以降低发生灾难性事件的可能性。

第三节　智能区块链时代

人工智能和区块链拥有的共同特点和发展诉求，必将促进人工智能和区块链的高度融合，那时我们将真正走进"智能区块链时代"，"人工智能＋区块链"，区块链也将迈入的"3.0时代"。届时，大规模的区块链技术解锁其在人工智能应用上的潜力，这些区块链技术将为人工智能实践者带来机会。譬如带来更优质的数据，因而带来更优质的模型；便于对人工智能训练数据和模型实行共享式控制；为训练/测试数据和模型提供了保证，提高数据和模型的可信度；使训练/测试数据和模型成为知识产权（IP）资产，形成去中心化的数据和模型交换中心。能更好地控制数据的上游使用；人工智能与区块链解锁人工智能去中心化自治组织（DAO）的可能性等。

一、智能区块链带来的机遇

1. 数据共享带来优质的模型

人工智能热衷数据。数据越多，模型越好。然而，数据往往是孤立的，区块链去中心化的本质鼓励数据共享，如果没有单一的实体控制存储数据的基础设施，共享就会有更少的冲突。当独立的数据被合并，你会得到一个更优质的数据集，使用新数据集进行训练便可获得更优质模型，从中可以收集新的见解、进行新的业务应用。

2. 新的全球规模的洞察力

PDB是全球规模的结构化数据，而不是零星的数据。万维网好比是互联网上面的文件系统；IPDB是其对应的数据库。如果我们使用像IPDB这样的全球规模的共享数据库服务来共享数据，会是什么样子？ 第一个参考点是：在企业界的公共数据管理与重新包装使其更易被消费，从用于天气或网络时间的简单API，到股票和货币等金融数据等。如果所有这些数据可通过单一数据库，以一种类似的结构化方式来访问，会是怎么样？ 就好像有了1 000个彭博社。不用担心受制于单一的实体。第二个参考点来自区块链，体现于这个概念：对外部数据进行处理，通过区块链，让外部数据易于使用。可以对所有数据进行解释。去中心化的彭博社就是个开始。

为众多数据库和数据源获得全新的规模，因此拥有全新的数据。全球规模的结构化数据。由此可以构建全新的模型，能够在输入和输出之间建立之前无法建立起来的关系。借助模型，可以获得全新的洞察力。

3. 获得更可靠的预测

训练出的模型与测试数据是紧密相关的，数据的好坏决定了最终训练出的模型的好坏。那么如何确保训练数据的"信誉"呢？ 区块链可以助你一臂之力：在构建模型以及在实际现场运行模型的过程中，该数据的创建者只要给该模型标以时间戳，并添加到区块链数据库，这包括对它进行数字签名处理，声称"目前我相信该数据/模型是好的"。

我们在构建模型和运用模型方面都获得了数据溯源。结果是获得了更可信的人工智能训练数据和模型。其优势表现在可以在所有层面发现数据供应链存在的泄露现象；可以通过密码验证的方式，了解数据和模型的情况；如果错误出现，我们就能极其清楚地知道错误为何出现、出现在哪里。

4. 训练数据和模型的共享式全球注册中心

人工智能的一个挑战是数据集的存放问题，传统的方式将它们分散在互联网上，只是列出了主要的数据库，有一部分数据集是专有的。如果我们有一个全球数据库，易于管理另一个数据集或数据源。正如 IPDB 所做的，提交数据集并使用别人的数据，数据本身会放在去中心化文件系统，元数据将放在 IPDB 中，我们会获得一个人工智能数据集的全球共同体，这有助于实现开放数据社区的梦想。

我们不仅可以获取数据集，还可以用那些数据集构建的模型，获取和运行别人的模型，提交自己的模型。全球数据库会为此提供极大的便利，能够获得由全球拥有的模型。

5. 数据和模型交换中心

数据和人工智能模型可以作为一种知识产权（IP）资产来使用。在区块链技术问世之前，就可以拥有数据和模型的版权，并授权别人使用。区块链技术能让它变得更好，原因是就你拥有的版权而言，它提供了一个防止篡改的全球公共注册中心。你拥有的版权由你以数字方法/加密方法来签名，这个注册中心还包括数据和模型。就你的授权交易而言，它再次提供了一个防止篡改的全球公共注册中心。这回，它不仅仅是数字签名；而是说，你甚至无法转让版权，除非拥有私钥。版权转让作为类似区块链的资产转让来进行。

一旦我们有了数据和模型这种资产，可以开始为那些资产建立交换中心。交换中心应该是中心化的，就像 DatastreamX 已经为数据建立的机制那样。但到目前为止，它们其实只能使用公开可用的数据源，因为许多公司认为共享带来的风险高于回报。去中心化的数据和模型交换中心怎么样？如果在"交换中心"这种环境下实现数据共享去中心化，就会出现新的好处。由于去中心化，没有哪一个实体控制数据存储基础设施表明谁拥有什么的账本，这样的企业组织更容易协同工作或共享数据。我们会看到真正开放的数据市场出现，这有望实现数据开发人员和人工研发人士长期以来的梦想。

6. 控制数据和模型的上游

对人工智能数据和人工智能模型来说，如果构建的数据可用于构建模型，当构建好模型，就可以预先指定许可证，限制上游的其他人使用它们。

在区块链数据库中，可以把权限当成资产。比如说，读取权限或查看某一部分数据或模型的权限。作为权限拥有者，可以把这些权限转让给系统中的其他人，就像转让比特币那样：创建转让交易，并用私钥来签名。因此，对于使用的人工智能训练数据、人工智能模型及更多内容的上游有了极大的控制权。

7. 去中心化自治组织（DAO）

人工智能 DAO 是一种类似 AGI（通用人工智能）的控制系统，它在去中心化的处理和存储底层上运行。反馈回路自成一体，获得输入信息后，更新状态，驱动输出，并拥有不断重复操作的资源。

我们可获得人工智能 DAO，方式是从人工智能（AGI 代理）入手，并将它去中心化。或者可以从 DAO 入手，为它赋予人工智能的决策功能。人工智能得到了其缺失的一环：资源。DAO 得到了其缺失的一环：自主决策。正由于如此，人工智能 DAO 可能比人工智能本身或者 DAO 本身要庞大得多，其潜在的影响是倍增的。下面是具体应用：

艺术 DAO，能创作自己的数字艺术，并出售。推广开来，它可以创作 3D 设计、音乐、视频、甚至整部电影。

自动驾驶、自己拥有的汽车。推广开来，适用于人工智能任何之前的应用，但现在人工智能"拥有自己"。未来，人类什么都不拥有，我们只是从人工智能 DAO 租用服务。

二、智能区块链对行业的影响

AI 与区块链的结合正在通过重塑经济学和信息交换来推动第四次工业革命的到来。在各个行业中，AI 与区块链两者强有力的结合虽然缓慢但确实正在改变很多行业。

1. 智能能源和建筑

　　绿色友好型 AI 和区块链将帮助减少能源浪费和优化能源贸易。例如，一种用于管理建筑物的 AI 系统能够通过计算一些因数（如居民出入和人数，季节甚至交通信息）来监督能源使用。为了供应能源，分布式区块链技术可以用于在生产者和消费者之间进行透明的和成本节约的交易，而机器学习甚至能够磨炼交易来估计定价。区块链与 AI 结合可以显著加快房地产相关交易流程，无需经过太多流程便可以批准合同。

2. 教育

　　AI 和区块链的融合能够改变传统的教学环境，让学习者和老师成为教学资源和信息的管理和控制者，而不再是学校。灵活地分布教学资源和信息，并能够通过 AI 数据分析技术的应用，帮助教育者发现教学过程中存在的不足。其次实现平台共享，在不同平台之间实现受教育者学习数据共享，平台还可以利用 AI 技术实现个性化服务，真正做到因材施教。最后受教育者在不同机构修的学分都可以作为获得学位的审核凭证。另外，区块链实现货币的点对点交易，可以增加对教育的投入。帮助更多的人取得学习证明、职业资格证书或学位证书，尤其是不发达国家公民，从而有效提高个人在劳动力市场上的竞争力、促进其职业发展，并进而促进创业。AI 技术应用可以产生定制化内容，比如说将上百万份统一定制的教学材料发给受教育者使用，之后通过受教育者的反馈进行数据化管理，从而产生更加科学的符合受教育者需求的课程内容。

3. 交通行业

　　尽管汽车正在成为一种车轮上的数据源——带有自动驾驶，聊天机器人和智能导航——并非所有人很快都可以负担得起昂贵的 AI 汽车。随着汽车租赁成为第二佳的选择，区块链技术能够通过减少参与的人员数量，合成所有数据并提供审计线索来承诺简化租赁流程。区块链作为一项伟大的信息技术创新，在有关信息的质量和真实性上，区块链将为人类提供高精度调制。当我们的大数据、云计算、物联网、人工智能、机器人等越来越多，并且被连接到一个可以互相通讯的网络，不同的程序为了实现他们（也可能是它们）的目标，数字智能将要求其在网络上进行传输，进行交易，实现思维，其中许多任务可以通过区块链来自动管理。

4. 医疗行业

在医疗行业 AI 和区块链的融合能够推动智能医疗和医疗服务新模式的进程。下面从两个方面作简要概述。（1）智能医疗：当前的智能医疗技术的痛点是好的医疗人工智能产品，不仅仅需要强大的人工智能技术作为支撑，同时也需要结合、集成专业的临床专业知识。AI 与区块链的融合能够降低人工智能使用门槛，从而能够推动医疗服务的智能化进程。（2）医疗服务新模式：当前的医疗服务模式是将病人的医疗数据存放到本机构，病人本身并不是数据的拥有者，不同的医疗机构之间数据独立，无法做到共享。AI 和区块链的融合能够构建以患者为中心的医疗服务新模式，患者可以将自身的就诊记录放在区块链上面，当第三方机构请求获取数据时，医院根据授权信息对第三方机构进行审核。审核通过后，通过点对点网络将病人就诊记录发给第三方机构使用，实现了医疗数据共享的机制。

5. 网络安全

当 AI 和区块链被放在一起时，这就提供了一个双层保护来抵御网络攻击。机器学习算法能够被培养用于自动化实时威胁检测并不断了解攻击者的行为，从而加厚恶意软件检测装甲。同时，去中心化区块链消除了中心化数据库的固有漏洞，致使网络攻击者要想成功突破就必须同时针对多个入口点，而不是一个。AI 与区块链技术能够结合的另一个领域就是大型数据漏洞。要确定攻击者可能已经对哪些数据动了手脚是非常困难的。使用区块链和 AI 来应对数据漏洞可以让人确定漏洞什么时候出现的。

6. 娱乐和艺术

目前区块链对艺术的影响主要集中在电商平台和文化产权交易所，在电商领域，区块链技术使得每一笔交易都将具有"可追溯性"，区块链可以降低艺术品在交易过程中被调包的危险，却无法从源头上确保该商品是否为真迹，利用 AI 技术可以弥补区块链的不足，确保交易安全、高效地进行。在文化产权交易所领域，区块链可以确保平台数据的完整性和可追溯性，以解决本该作为独立信用平台存在的文交所"数据失真"的难题，同样受制于艺术品的真伪鉴定环节，与电商类似，AI 技术可以弥补交易中的不足。

在娱乐方面，通过提供一个数字公共数据库来存储正在进行的交易记录，让公司有能力拥有完全加密的所有权记录，以及执行智能合同（即自动执行任何有价值的交易，而不需要中间人）。应用于媒体消费时，有效地解决了解决了内容访问、分发和补偿、管理资产和数字权利、融资等问题。

三、智能区块链进入全新时代

我们现在的时代需要变革，需要创新，而区块链、人工智能是时代创新的产物，这两者在各个行业有忠实的簇拥者。在过去的两年时间里，区块链这一划时代的技术进入公众视野，被认为是当前最有可能带来颠覆性改变的技术，并受到嗅觉敏锐的风投和资本的热烈追捧。区块链代表了未来的生产关系，而AI代表了未来的生产力，两者的结合必然给各行各业带来一场具有划时代意义的重大变革。

区块链+人工智能，必定1+1＞2。

在科技不断发展的道路上，需要两者携手，"以梦为马，不负韶华"。在不久的将来，我们可以在生活的衣食住行中，看到更多的优秀项目，为改善人类的生存、生活而作出的努力。

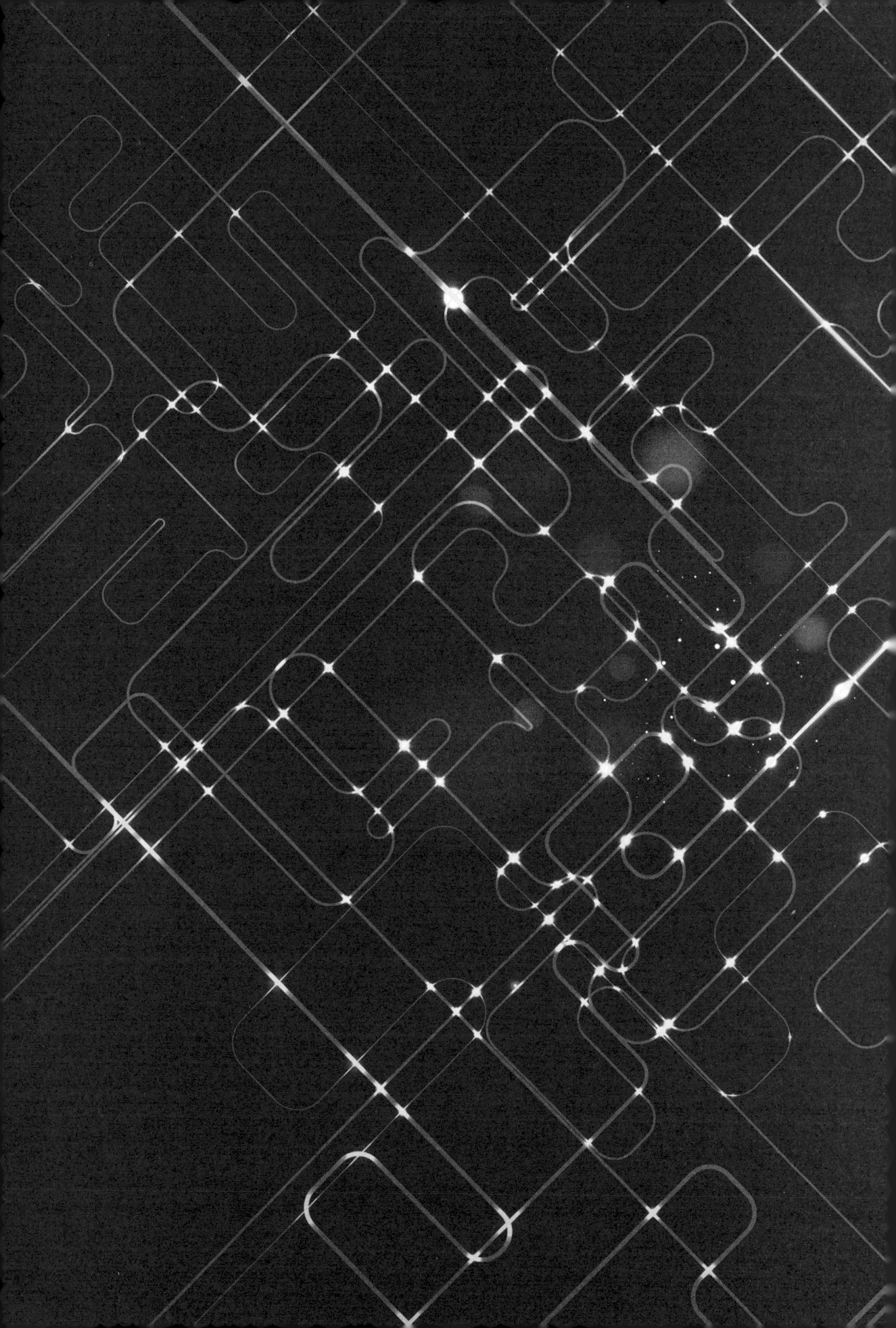

争议案例篇

- 不得不说的比特币

- Filament 寻求基于区块链技术的工业物联网项目

- Visa 与 Docusign 联合推出区块链汽车租赁项目

- BITproof 联合学校认证学历项目

- 以太坊开发实践及案例分析

- Fintech 公司区块链

第 十 一 章

不得不说的比特币

说到区块链，就不得不提比特币（BitCoin）。比特币诞生于 2008 年，这时还没有人关注区块链。直到 2013 年人们才意识到比特币在没有任何中心化机构运营和管理的情况下，依然稳定地运行了将近 10 年，并且没有出现任何问题。于是，很多人开始注意到比特币的底层技术，即区块链。

第一节　数字货币的龙头老大

数字货币包括数字金币和密码货币，这里只讨论密码货币的范畴。密码货币是一种依靠密码技术和教研技术来创建、分发和维持的数字货币，包括比特币、莱特币、维卡币等。其中，比特币是密码货币之首。

事实上，密码货币的历史很悠久，下面来回顾一下密码货币的发展历史。

1982 年，大卫·乔姆（David Chaum）最早提出了不可追踪的密码学网络支付系统，该系统允许一个人发送一串数字到另一个人，而且这个数字可被接收方修改。对加密货币的兴趣以及荷兰历史上对私密性狂热的态度在很大程度上促使大卫·乔姆迁移到荷兰。20 世纪 80 年代末期，荷兰成了密码学和数学研究的温床，而大卫·乔姆也创立了 DigiCash，并继续构建依托互联网的加密货币的研究。

尽管大卫·乔姆的研究引起了媒体前所未有的关注，但最后不幸的是，大卫·乔姆和他的公司出现了一些失误，违反了荷兰中央银行的规定。而大卫·乔姆作为妥协，不得不同意将公司研发的产品卖给银行。这个调整，给 DigiCash 公司带来一个好的预期——试图通过多家银行来创立一个可行的数字现金领域，但最终在 1998 年破产。

在 DigiCash 引起巨大轰动之后，越来越多的创业者试图在这个领域开创一番成就。1998 年，Wei Dai 发表文章称产生了一种匿名的、分布式的电子现金系统，命名为"b-money"。同一时期内，尼克·萨博（Nick Szabo）也发明了"Bit gold"。Bit gold 与比特币的机制非常相似，用户利用竞争解决"工作量证明问题"，然后通过加密算法将解答的结果串联在一起公开发布，从而构成了一个产权认证系统。

Bit gold 是人们公认的"比特币的前身"。随后，哈尔·芬尼（Hal Finney）在 Bit gold 的基础上开发了"可重复利用的工作量证明"。

以上发生的种种引领大家来到了 2008 年。2008 年，"bitcoin. org"域名被悄悄地匿名注册成功。同年 10 月 31 日，一个自称"中本聪"（Satoshi Nakamoto）的人在密码学网站上发表了名为《比特币：一种点对点的电子货币系统》的论文。10 天之后，开源社区 sourceforge. net 上出现了一个叫 bitcoin 的项目。而世界上首批 50 个比特币诞生于 2009 年初。

中本聪在搭建完比特币体系后似乎就从互联网上彻底消失了，没有人见过他的真正面目。此后，比特币项目由两个前谷歌工程师维护，但即便是这两个人也声称从未见过中本聪。

2010 年，bitcointalk 论坛上用户之间的自发交易产生了比特币的第一个公允汇率。该交易是一名程序员用 10 000 个比特币购买了一个比萨饼。2011 年，维基解密、自由网、Singularity Institute、互联网档案馆、自由软件基金会以及另外一些组织都开始接受比特币的捐赠。2012 年 10 月，全球比特币付款服务提供商 BitPay 发布报告显示，超过 1 000 家商户通过他们的支付系统来接受比特币的付款。

2012 年 11 月，WordPress 博客平台宣布接受比特币付款，还声称比特币可以帮助肯尼亚、海地和古巴等遭受国际支付系统封锁地区的互联网用户购买服务。2013 年 4 月，海盗湾中文网、EZTV 美剧片源网开始接受比特币捐款。同月，中国四川省遭遇雅安地震，公募基金壹基金宣布接受比特币作为地震捐款。

……

截至 2017 年，比特币已经在全球范围内流行开来。随后，在比特币的带领下，各种密码货币都纷纷崭露头角，走入人们的生活。

一、从"币"到"链"的颠覆

比特币自诞生之后就陆陆续续吸引了世界各个国家的注意。有了比特币之后，只要有网络就可以完成 P2P（个人对个人）交易，不需要借助银行或者其他第三方中介平台。对于投资人来说，比特币就像黄金一样无惧通货膨胀，具有投资价值。

在比特币快速发展的这几年里，与比特币有关的信息一直是人们关注的焦点。比如，比特币价格的涨跌、某快餐店开始接受比特币支付、恐怖分子使用比特币交易、哪个国家政府承认比特币的合法地位，哪个国家反对比特币等。

之后，比特币的发展让其底层技术——区块链——受到了前所未有的关注。人们这才意识到，原来驱动比特币的真正有价值的核心技术是区块链。如果说，比特币对金融秩序的颠覆意义还不够，那么区块链则完全有可能颠覆这个世界。

Chain 公司开发了一个以区块链技术为基础的资产交易平台，该平台可以用于市场上任意类型的资产交易，比如货币交易、股票交易、债券交易等；Counterparty、NXT 和 BitShares 基于区块链技术打造的去中心化交易所可以在脱离传统股票交易所的情况下完成股票发行和交易；Guardtime 正在研究基于区块链技术的工业级网络安全方面的应用；Holbertson 利用区块链技术验证学生的学历，防止学生有学历欺诈行为；Visa 和 DocuSign 致力于通过区块链技术构建汽车租赁市场新商业模式……

二、区块链与比特币没有极客说得那么复杂

关于比特币，有种非常夸张的说法是"人类已知金钱的终结"。事实上，很多人对比特币的认知还处于云里雾里的状态。普华永道事务所的消费者调查数据显示，对于比特币熟悉或者非常熟悉的人只有 6%，而 83% 的被调查者表示他们对比特币非常陌生。

与此形成对照的是，"比特币"这一名词的搜索量非常高。以百度指数为例，2017 年 1 月 5 日，"比特币"的用户搜索量达到 80 274 这一峰值。进入 2017 年以来，"比特币"的搜索指数变化曲线如图所示。

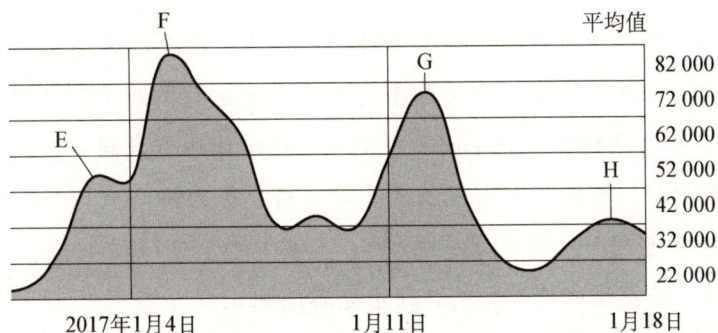

"比特币"的搜索指数变化曲线

那么，比特币到底是什么呢？ 比特币的本质是一种货币，如果你手上有比特币，就可以按照各外汇市场的汇率用比特币购买商品。也就是说，这和我们用人民币网购以美元标价的产品是一样的。

既然比特币这样简单，为什么大家还是对比特币感到茫然呢？ 这是因为大部分非技术出身的人认为比特币背后的底层技术区块链是极其复杂的。所以，解释区块链的运作原理是推广比特币的重点和难点。在此之前，几乎没有人会在意银行是如何处理一笔交易的，人们关心的只是账户中的具体交易记录。但是，比特币作为一种未被广泛接受的新事物，就必须把一切解释清楚。

众所周知，一本账本必须具有唯一确定性的内容，否则就会有真假之分，从而失去参考意义。所以，记账天然成为一种中心化行为。在技术落后，通信联系不发达的时代，这是必然的选择。在如今的信息时代，中心化的记账方式依然覆盖了社会生活的方方面面。然而，中心化的记账却有一些软肋：一旦这个中心出现问题，如被篡改或者被损坏，整个系统就会面临危机乃至崩溃。另外，整个货币体系作为一个账本系统，也会面临中心控制者滥发导致通货膨胀的风险。

所以说，中心化的记账方式考验中心控制者的能力、参与者对中心者的信任度以及相应的监管法律和手段。那么，有没有可能建立一个不依赖中心以及第三方，但是却可靠的记账系统呢？

区块链解决了这一难题。在互联网信息时代，计算机负责记账，而在记账系统中接入的每一台计算机都是一个"节点"。区块链就是以每个节点的算力（计算能力）来竞争记账权的一种机制。

在区块链系统中，算力竞赛每十分钟进行一次，每次竞赛的胜利者可获得一次记账的权力，即向区块链这个总账本写入一个新区块的权力。这就导致在一段时间内只有竞争的胜利者才能完成一轮记账，并向其他节点同步增加新的账本信息、产生新的区块。算力竞赛就像购买彩票一样，算力越高就相当于购买的彩票越多，中奖概率越大。

那么，算力竞赛是如何进行的，判定竞赛结果的又是谁呢？区块链的"工作量证明"在这一过程中发挥着重要作用。正如我们早上离开时让保姆打扫房间，晚上回来发现房间一尘不染，尽管我们没有看见保姆工作的过程，但可以确定这些工作已经完成。这就是工作量证明的简单理解，即利用一个人人都能够验证的特定结果确认竞赛参与者完成了相应的工作量。

当然，赢得算力竞赛是有奖励的，即获得比特币。如果没有比特币，节点就没有进行竞争的动力。算力竞赛的奖励也是比特币发行的过程。这种设计是相当精巧的，它将货币的发行与竞争记账机制完美结合到一起，在引入竞争的同时也解决了去中心化货币系统中发行的难题。圈内人士将参与算力竞争试图获得比特币的行为称为"挖矿"。

作为一个记账系统，区块链不仅可以记录以比特币为首的密码货币，还可以记录所有能用数字定义的其他任何资产。

如果你还不明白比特币与你有何关系，那么你只需要知道比特币是另外一种形式的钱就行了。

三、你也可以创造比特币

如此神奇，很多人都想知道除了直接用钱购买之外，还有没有其他方法可以获得比特币？答案是肯定的。比特币存在于互联网数字空间中，隐藏在特定算法里，所以只要利用联网的计算机就能挖掘出来。大家口中所说的"挖矿"就是通过计算机设备运算挖掘比特币，那些专门通过"挖矿"寻找比特币的人就是比特币矿工。

从表面上看，"挖矿"是一个非常简单的过程，只需要利用计算机下载比特币挖矿工具，然后让设备持续运行就能得到比特币，然后确定账户信息取得对比特币的拥有权。但是，比特币在设计之初已经制定好了规则，产生新比特币的算法难度会随着比特币产生速度的变化而变化。也就是说，矿工挖掘比特币的速度越快，算法难度就会越大；反之，难度越小。

根据比特币挖矿原理可知，计算机的运算能力是挖掘比特币的关键。对于大多数矿工来说，只要打开挖矿客户端，然后挂机就可以坐等比特币的产生。目前，常用的"挖矿"工具有 Ufasoft Coin、Guiminer 等。由于越来越多的人涌入"挖矿"行列中，比特币的产生也随着算力的增大而变得缓慢。下面是影响挖矿收益的四大因素，内容如图所示。

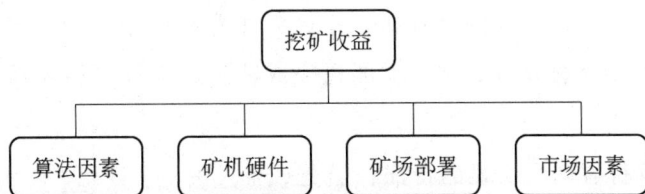

影响挖矿收益的四大因素

1. 算法因素。算法因素是比特币本身的特性，不会受到外部因素影响，但是会影响外部因素，包括算法难度调整周期、每区块收益等。

2. 矿机硬件。矿机硬件是矿工可以通过人力施加影响，从而提高收益的一个因素。一般来说，硬件因素在短期内几乎没有什么变化，而且可预见性、可操作性较高。例如，矿机速度、功耗、成本等，这些因素主要受上游芯片厂商、矿机组装厂商的影响。

3. 矿场部署。矿场指的是比特币矿工团队集体工作的环境。矿场部署是矿场和旷工可以通过人力施加影响，从而提高收益的另一个因素，同样受到上游芯片厂商、矿机组装厂商的影响，可预见性较高。矿场部署因素包括矿机部署时间、矿场电费、运行保障能力等。

4. 市场因素。比起其他三大因素，市场因素的可预见性较低，但是对挖矿收益的影响非常大。

比如，比特币的价格、全网算力增长率、难度增长率等。比特币的价格在短期内波动较小，但是在中长期内何时会出现暴涨暴跌是难以预测的。全网算力和难度增长率在短期内变化幅度会较大，中长期则是会增长趋势。

在影响挖矿收益的四大因素中，算法因素是比特币自身特性，并制约着其他三种因素；矿机硬件的性能和功耗将随着技术升级不断优化；矿场部署的当前趋势是集中化和规模化，通过总量来降低挖矿成本，提升挖矿收益；市场因素受到宏观大环境影响，风险和机遇同时存在。

四、比特币的发行规律

如果你有一台配置良好的计算机，并且对计算机程序略知一二，那么你就可以下载一个比特币挖掘软件，这样就能在完成特定数学程序后获得一定数量的比特币。

比特币的发行有两个明显的特征：首先，与人民币、日元、美元不同，比特币没有固定的发行方，而是通过网络节点计算产生的，只要具备了相应条件，任何人都可以参与制造比特币；其次，比特币的发行是限量限速的，这是因为生产比特币的软件算法计算起来非常困难，而且特解方程组所能得到无限个解中的一组有一定的额度限制，这就决定了比特币不会无限量发行。

现存的比特币数量越多，将来挖掘新币的难度也就越大。截至 2016 年 6 月，现存的比特币大约有 1 566 万个。到 2140 年左右，比特币的产量将达到其上限——2 100 万个，如图所示。

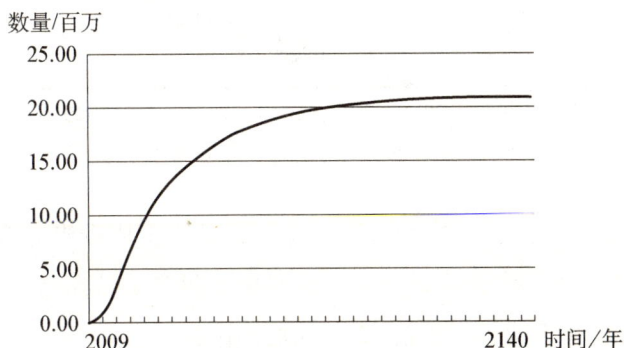

区块链比特币数量变化

生产比特币的算法程序通过四年减半的策略控制比特币的发行速度与发行量。也就是说，在比特币刚诞生的 2009 年 1 月至 2012 年 1 月，约有 1 050 万个比特币生成。随后的时间里，每四年生产数值就会降低 50%。因此，在比特币诞生的第 5—9 年，生产量为 525 万个，在第 10—13 年，生产量为 262.5 万个，并以此类推。这样，比特币的现存总量永远都不会超过 2 100 万个，而到 2140 年的时候，新的比特币几乎就很难找到了。

五、比特币历史价格变化曲线

试图依靠比特币致富的投资者大有人在，有成功的投资者说："现在的一枚比特币是一部苹果手机，以后将会成为一栋房子。"据了解，中国是比特币投资交易最活跃的国家，其次是美国和日本。如图所示的是 2009—2016 年比特币在中国日交易量的增长情况。

个

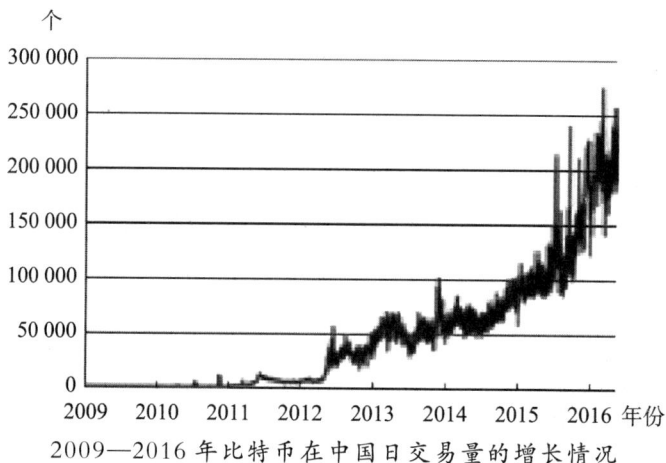

2009—2016 年比特币在中国日交易量的增长情况

在比特币诞生之初，很少有人知道比特币，而且比特币当时没有什么价值。2010 年 5 月 21 日，第一次比特币交易，佛罗里达程序员拉斯洛·豪涅茨（Laszlo Hanyecz）用 1 万比特币购买了价值 25 美元的比萨优惠券。

自 2013 年塞浦路斯发生金融危机后，比特币的价格开始发生巨大变化。某些欧洲国家的法币大幅贬值，而比特币却突然一路高涨，掀起了炒作热潮并带动了整个数字货币行业的掘金狂潮。由于比特币涨价速度过快，拉斯洛·豪涅茨感叹说："比萨真的很好吃，就是价格有些高。"

2013 年 11 月，比特币攻破 1 000 美元大关，最高时达到 1 200 美元，并一度接近一盎司黄金的价格，综合涨幅超过一万倍，造就了人类历史最大的投资传奇。2014 年之后，比特币市场开始冷静下来，比特币的价值持续降低。

2016 年以来，关于以比特币为代表的数字货币，各国纷纷采取行动。2016 年 1 月 20 日，央行数字货币研讨会在北京召开，并明确表示，央行将争取早日发行央行数字币。与此同时，日本国会也批准有关加密数字货币的新法案，将数字货币视为一种具有货币功能的合法支付形式。另外，作为全球金融中心之一的英国也宣布发布数字货币 RSCoin 并进行测试。

全球经济大国对去中心化新金融生态的思考，暗含了当前的投资趋势与即将兴起的投资热点。随着各个国家和金融机构相继公布对数字货币的研究进度和相关政策，比特币利好频传，又开始走出一幅波澜壮阔的上涨行情，数字货币也掀起新一轮的投资热潮。截至 2016 年 6 月底，比特币价格维持在 750 美元左右，如图所示的是 2009—2016 年比特币对美元的历史价格变化曲线。

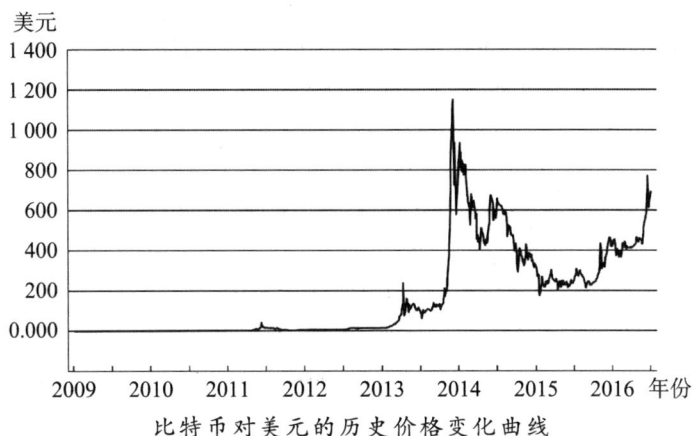

比特币对美元的历史价格变化曲线

看到这里，你是否会感慨比特币的爆发力？

六、价格一个月涨六成，你见过吗？

2016 年 5 月 18 日至 6 月 16 日，这是继 2013 年之后，比特币价格迎来第二个 "大牛市"。仅仅一个月的时间，比特币的价格暴涨 61.6％。

根据比特币图表网站（bitcoincharts.com）收集的数据，比特币的交易价格从 452.92 美元飙升至 731.89 美元，交易量从 2 608.23 美元上涨到 6 745 美元，交易总价值从 1 184 326.53 美元上涨到 4 860 262.08 美元。

根据比特币当前的市场价格计算，市场上现存的 1 566 万个比特币的市场规模约为 109.65 亿美元，约合 731.23 亿人民币。

根据比特币的发行规律，从 2016 年开始，比特币又将迎来下一个产量减半时期，这就是比特币价格暴涨的原因。根据比特币开源软件协议的规定，每生产 21 万个区块，生产者获得的比特币奖励就会减半。按照当前计算机平均每天开采 154 个区块的算力计算，截至 2016 年 7 月 10 日，现存区块就会达到 42 万个，这也就意味着达到减半的标准。

根据火币网最新用户调查，有 63％以上的用户已经从股票市场、贵金属交易以及外汇投资转向了比特币；80％以上的用户在获悉比特币减半这一消息后对接下来的行情表示看好；还有 13％的用户将持有比特币当作规避风险的重要手段。

随着区块链技术的发展和成熟，比特币将再次刮起新一轮热潮。仅 2016 年第一季度，全球范围内投资在与比特币和区块链相关的创业公司的风投资金就达到 1.6 亿美元的规模。

第二节　区块链比特币的价格来自价值

投机是股市中的一个概念，即购买的目的是卖。在货币市场中，英镑和日元是投机货币的典型代表，吸引了大量投机者进行短线操作。与英镑、日元不同，比特币并不是投机品。因为比特币的总量有限，就像黄金一样有保值功能。众所周知，尽管市场中很少使用黄金作为流通货币，但其市值仍然很高，这不只是因为它能够被制成饰品或金属元件，还因为人们更看重黄金的保值功能，因此愿意买入并持有它，比特币的价值原理也是这样。

一、区块链比特币存储于本地

比特币与虚拟货币有很大的不同，虚拟货币存在于互联网服务器上，而比特币作为一种字符串，存在于计算机、手机或其他本地硬件设备上。下面一起看比特币与虚拟货币的区别。

虚拟货币是指互联网上非真实的货币，例如，腾讯公司的 Q 币、Q 点、盛大的点券、新浪的微币等。虚拟货币包括网站或应用程序发行的专用货币和游戏币两种。

腾讯公司的 Q 币就属于网站或应用程序发行的专用货币，可以用来购买 QQ 会员资格、QQ 秀等增值服务，使用比较广泛。与 Q 币类似的由即时通信工具服务商或门户网站发行的用来购买站内服务的货币都属于这一类虚拟货币。

大多数游戏应用程序都有自己专属的游戏币，而且只能在自身的游戏系统里使用。在游戏里，用户靠打倒敌人、完成签到任务或者直接用钱购买等方式积累游戏币，而用游戏币可购买草药和装备。

比特币是互联网上的数字货币，莱特币、福源币等都属于这种类型的货币。数字货币既可以用于互联网金融投资，也可以作为新式货币用于生活中的某些场景。

如果用户拥有一些比特币的使用权，那么通常需要一个比特币钱包去掌管比特币，例如，PC 端的 Bitcoin-Qt 或者手机端的 Bitcoin Wallet。在比特币钱包里，用户会获得一个字符串地址和二维码地址，然后通过这个地址与他人进行比特币交易。

另外，比特币是存储于本地的，所以一旦用户丢失了这个文件，就无法通过网络找到它。然而与实体货币不同的是，比特币是可以备份的，所以用户可以在多个地方保存防止文件丢失。除此以外，用户只要对文件加密，就算别人盗取了比特币文件也难以使用它。

二、网络是区块链比特币的操控者

网络是比特币的操控者，而不是第三方平台。尽管很多用户出于信任担忧选择利用第三方交易平台进行比特币交易，但交易平台起到的作用只是保证两个地址顺利完成，而比特币的实际流通是匿名的而且被整个系统记录下来的。因此，每个人都可以在 Bitcoin-Qt 这样的比特币钱包里看到任意一笔交易，但是你只能看到一笔比特币从 A 流向了 B，却不知道 A 和 B 分别是谁。

网络操控比特币交易涉及一个重要问题，即怎样避免发生双重支付？双重支付指的是一个人用同一笔比特币同时与两个人发生了交易。在实物货币世界，由于人们无法复制黄金、纸币，所以很容易避免双重支付问题。但是在数字货币世界里，比特币需要通过一个机制去确保比特币所有者无法同时与一个以上的人产生交易行为。

为了解决这个问题，比特币引入了"时间戳"概念。在比特币区块链系统中，每笔交易在通过某个节点或钱包产生时，都需要其他节点验证，即每一个节点都能获知每一笔交易的发生，而且它们有一个公认的交易序列。只有大部分节点都认同这笔交易是首次出现的时候，交易才能发生。也就是说，每一笔比特币交易都盖上了"时间戳"，防止重复支付问题。如果有人重复支付，那么时间就会产生矛盾，系统会自动识别为非法交易。根据一定的利益规则，矿工受利益驱动负责为每一笔交易盖"时间戳"。

矿工的利益是每10分钟全网只能竞争到的唯一的合法记账权的奖励。谁竞争到了，就可以获得一定数量比特币的奖励。同时，全网其他矿工要同步一致它这个记账，然后竞争下一个区块记账权。

以计算资源为代价，区块链通过全网作证重新建立了信用体系。一些网友已经开始讨论下一代微信可能是什么，下一个阿里巴巴可能是谁。事实上，下一个巨头最有可能就是一个真正去中心化的系统。

在未来，如果区块链系统的全网公证为我们作证明，那么数据都是无法作假的。比如，将来我们公证自己和爱人的夫妻关系，这将会在几分钟之内成为全网公开的事实。如果有人想要篡改你们的关系，除非他拥有整个系统超过50％的算力，但这几乎是不可能的。

三、供小于求决定区块链的超高价值

对于在外地工作的人来说，每年春节来临之前都会因为回家的火车票一票难求而苦恼不已。春运被人们戏称为"人类史上最大规模迁徙"。2017年春运与往年相比，形势更加严峻。有媒体报道称，2017年春运有可能成为"史上最难抢票年"。

上述案例表现了一种供小于求的供求关系。当供小于求时，价格上涨，产品的价格是在产品的市场需求和市场供给两种相反力量的相互作用下形成的。产品的均衡价格指的是该产品的市场需求量和市场供给量相等时的价格。与均衡价格水平相对应的供求数量就是均衡数量。

在供给等其他条件不变的情况下，需求变大，均衡价格则上涨，均衡数量同向变动；在需求等其他条件不变的情况下，供给变动分别引起均衡价格的反方向变动和均衡数量的同方向变动。

上海一家鲜花店店主，做鲜花生意十几年了。由于情人节临近，大部分鲜花的价格出现了不同程度的上涨。以销量最好的玫瑰花为例，与几天前相比，每扎 20 枝的玫瑰零售价从 150 元涨至 180—200 元；每扎 20 枝的康乃馨零售价从 120 元涨至 150 元；百合的价格基本没有变。业内人士分析，情人节前两天，玫瑰花价格上涨还将继续。玫瑰花的均衡价格上涨的原因是其他条件不变，情人节的来临使玫瑰花的市场需求增加。

总而言之，产品的价格与其需求呈正相关，与其供给呈负相关：供给一定，需求增加，则价格上升，需求减少，则价格下降；需求一定，供给增加，则价格下降，供给减少，则价格上升。如果需求和供给同时发生变化，均衡价格和均衡交易量也会发生变化。需求和供给的同时变化，有同方向变化（需求和供给均增加或均减少）和反方向变化（需求增加而供给减少，或需求减少而供给增加）、变动幅度不同（需求的增减大于或小于供给的增减）等情况。

匹配上述所说的供求关系，因为比特币的供给总量一定，但是人们对比特币的需求在日益增大，所以区块链的价格将会越来越高。

第 十 二 章

Filament 寻求基于区块链技术的工业物联网项目

第一节 Filament 概述

Filament 是一个使用区块链技术的去中心化的物联网软件堆栈，能够使公共分类账本上的设备持有独特身份。通过创建一个智能设备目录，Filament 的物联网设备可以进行安全沟通、执行智能合同以及发送小额交易。与 Adept 不同的是，Filament 将目光投向了工业市场，尤其是石油、天然气、制造业和农业等行业，希望能够帮助这些行业中的大公司实现效率上的新突破。

Filament 基于区块链的工业物联网应用探索

Filament 将开发两个硬件单位：传感器装置 Filament Tap，以及用来延伸该技术的 Filament Patch。在区块链技术的框架之上，Filament 平台使用了五层协议：Blockname、TeleHash、智能合同、Pennybank 和 BitTorrent。传感器 Filament Tap 的运行依赖于协议，后两层协议则是供用户端自行选择的。Blockname 能够创造一个独特的标识符，存储在设备嵌入式芯片中的一部分，并记录在区块链上。TeleHash 可以提供点到点的加密通信。BitTorrent 则支持文件共享。物联网中的每个智能设备都将配备处理全部五个通信协议的能力。

Filament 主要有以下几点优点：首先，加密硬件的使用保障了所有智能设备的数据存储与数据通信的安全。其次，除了传感器 Filament Tap 以外，Filament 还为用户提供了可黏附于设备表面的智能模块 Patch。安装了 Tap 或 Patch 的智能设备可以实现脱离网络连接的长距离通讯，目前支持的最远通讯距离为 10 英里。这使得工业规模的网络更加易于部署，大规模的工业设备可以通过一个统一的界面进行管理。此外，通过区块链技术，企业还可以使用 Filament 对基础设施及其数据进行授权，为硬件设备提供经常性收入来源。

在 2015 年，Filament 就已经完成了 500 万美元的 A 轮融资，投资方是 Bullpen Capital、Verizon 风投和三星风投。随着 Filament 的发展，工业产业将变得更加智能，工业产能效率将显著提高，自动化和智能化水平也将得到提升，智能工厂、智能农业、智能城市等概念终将成为现实。

这种数字验证模式一旦得到推广，租车过程将大大得以简化，用户可以在几分钟之内就完成汽车租赁的过程。这将为传统租车行业带来巨大冲击。

第二节　项目发展

Filament 的 A 轮融资，投资方是 Bullpen Capital、Verizon 风投和三星风投。

这是电子消费产品巨头三星的下属投资部门三星风投第一次参与投资区块链行业。之前，三星风投因参与 IBM 的 ADEPT 项目而轰动一时。ADEPT 项目是利用比特币和以太坊网络来打造去中心化的物联网，IBM 与三星选择了三种协议：BitTorrent（文件分享）、以太坊（智能合约）和 TeleHash（p2p 信息发送系统），利用这三个协议来支撑 ADEPT 系统。Filament 的联合创始人兼首席执行官艾瑞克·詹宁斯（Eric Jennings）认为 Filament 是一个使用比特币区块链的去中心化的物联网软件堆栈，能够使公共分类总账上的设备持有独特身份。通过创建一个智能设备目录，Filament 的物联网设备可以进行安全沟通、执行智能合同以及发送小额交易。

鉴于这一设想，詹宁斯认为他的项目与 ADEPT 项目在本质上是相似的，不同的是它将针对工业市场，使石油、天然气、制造业和农业等行业的大公司实现效率上的新突破。詹宁斯告诉 CoinDesk："几乎所有这些公司都有同样的关注——我的物联网战略是什么？ 许多公司在建立网状网络或区块链方面缺乏经验，但他们清楚自己需要连接这些网络以提高效率。"Filament 将开发 2 个硬件单位：Filament Tap，一种传感器装置，允许装置与周边 10 英里以内的电话、平板电脑和计算机进行沟通；Filament Patch，用来延伸该技术的硬件，可以实现硬件项目的定制。Filament 说，通过利用基于区块链技术的堆栈，企业可以更好地管理物理采矿作业或农业灌溉，不需要再使用效率低下的中心化云方案或文件式的老方案。

Filament 成立于 2012 年，公司原先的设想是建立网状网络上的无线家庭安全系统，后更名为 pinocc. io。去年 10 月份该公司的项目被选入了 TechStars 孵化器，于是又更名为 Filament，并把公司的发展目标定位在工业用例上，以实现设备之间的连接。Crosslink Capital、数字货币集团、Haystack、工作实验室资本和 TechStars 也参与了 Filament 的 A 轮融资。在资金的帮助下，詹宁斯说会扩大公司团队，从 15 人扩大到 30 人，因为他们打算在 2015 年第 4 季度推出硬件设备。

开放标准方法： Filament 宣称通信协议 Jabber/XMPP 的发明者杰里米·米勒（Jeremie Miller）担任该公司的 CTO。Jabber 通信协议于 1999 年推出，是美国在线即时信使（AOL Instant Messenger）等聊天应用的开放标准替代物。该协议最终在不同程度上被脸谱网、谷歌以及微软公司所采用，Filament 决定复制 Jabber 通信协议的成功。

詹宁斯解释说："Jabber 通信协议的成功给我们的启示是去中心化系统对于使用它的公司和用户来说更有价值。这是我们从中学到的精神，更为宝贵的是，这种去中心化的系统可以实现用户之间的平等地位。"Filament 的理论是建立在寻求一个可以用来实现连接的设备之间去中心化的沟通的类似平台，在这一点上，詹宁斯认为这套理论是基于业务逻辑，而不是任何思想支持。

　　詹宁斯说："去中心化系统对与之互动的人更有价值……这点值得注意。为什么使用区块链？ 因为它可以使系统更强大，更有价值。"Filament 的技术堆栈将使用五层协议—blockname、telehash、智能合同、pennybank 和 BitTorrent。Filament 传感器的运行依赖于前三层协议，后两层协议是供用户端选择的。

第 十 三 章

Visa 与 Docusign 联合推出 区块链汽车租赁项目

第一节　项目概况

支付巨头 Visa 和 DocuSign 联合推出了一个新的概念型证明项目，使用比特币区块链来记录保管租车数据。

听上去似乎有点"高大上"，那这个项目究竟是干什么的呢？

> 冗长的销售周期，复杂的保险报价程序，繁琐的贷款申请，大量的纸质文件需要被签署……这些可能很快就会成为过去，由 DocuSign 和 Visa 联合推出的技术项目，将帮助你完成租车的梦想。
>
> ——DocuSign 博客

上述简单的介绍告诉我们，它是一个通过比特币区块链和智能合约来实现的租车项目，项目也在拉斯维加斯的 Money20/20 大会上进行了展示。

具体怎么玩？

该项目将 DocuSign 的数字交易管理（DTM）平台和电子签名解决方案，与

Visa 的安全支付技术进行了结合。可以让消费者在车内配置租赁、保险和其他每天日常采购的项目，例如停车费和通行费，并且用户可直接使用 Visa 进行支付。

想象一下，通过一张 Visa 卡就能一键租赁到一辆新的跑车，会不会非常有趣呢？

它解决了什么？ 通常情况下，租车是有一堆文书工作需要处理的，这恰恰就降低了用户体验。为此，DocuSign 希望找到一种方法，能让用户在几分钟之内就能完成租赁的过程。

那到底比特币区块链，又在其中扮演了什么角色呢？

DocuSign 会将这些车的身份，在比特币区块链上进行登记，通过广泛的分布式计算网络来记录交易。

也就是说，用户在完成租赁后，这些信息是会记录在比特币区块链上的。

用户可选择汽车租赁的里程选项（低、中、高），然后 DocuSigns 会将租赁合约等信息更新到区块链上。

除了省时以外，这样的系统还有什么好处呢？ 一旦客户驾驶一段时间后，系统就可以开始跟踪活动，包括行驶距离，平均速度，突发事件等等。

需要说明的是，目前该项目还只是处于原型状态，并非正式版。

DocuSign 和 Visa 之间的关系是什么样的？

DocuSign 实验室和 Visa 创新实验室之间，长期建立了合作伙伴关系。Visa 是 DocuSign 的一个客户，使用了该公司的数字交易管理平台和电子签名解决方案，此外，Visa 也是 DocuSign 的战略投资方。

信用卡巨头 Visa 和一家名为 DocuSign 的公司在拉斯维加斯举行的 Money20/20 会议上，发布了一款史无前例的汽车租赁数字签名概念验证。这不仅仅是推动租赁汽车的过程数字化，更有可能会在全球引发一场和中国电商模式相媲美的消费革命！

尽管互联网和 IT 技术已经很发达，但每逢遇到签名，诸位还是得用最原始的方法握笔写字。一般来说，职务级别越高，握笔的机会也就越多，这对于互联网时代的"无纸化办公"无疑是嘲讽。

以前的汽车租赁流程是，先在网上选择汽车，下了飞机之后，必须在租车公司服务前台耐心地排队，等待客服人员繁琐而细致地查验顾客的身份证明、驾驶资质、信用卡记录，询问需要的保险项目，再交待一系列注意事项，然后你再在一堆看不懂的废纸上郑重其事地签名……

如果你在诸如巴黎戴高乐机场或洛杉矶国际机场这样的地方，能在 1 个小时内拿到车，那是你的造化！

笔者在墨尔本国际机场这种鸟不拉屎的地方租车的时候，排队排了半个小时，而排在笔者前面的只有一对韩国年轻夫妻而已，由于语言不通，鸡同鸭讲，客服小姐也急得抓耳挠腮，笔者站在一旁却无法帮忙，只能干等。

Visa 和 DocuSign 发布的这种数字签名验证模式，将彻底改变这种现状。

其实这个概念就是利用比特币区块链来保存签名验证记录，这种区块链可以为每个人和每辆车创建独一无二的数字指纹。或许整个租赁过程会伴随着一些新事务的产生，例如顾客心血来潮想增加保险项目，而这些新事物都在区块链中进行实施更新，安全性可以得到绝对保证。

如果这种数字验证模式得到推广，租车的过程将是这样——到前台递上护照，一句话都不用说，客服人员根据护照号调出租赁申请，直接领顾客上车，顾客上车之后在中控台液晶触控屏显示的合同上用手指签名，然后从 1 数到 10，等到验证通过之后，便可开车走人。

整个过程如果顺利的话，客户仅需要半分钟就能办妥全部租车手续。

对于租车公司而言，时间就是金钱。我们不妨对比一下：在传统租车模式下，一个客服能在 30 分钟内接待 6 个顾客——这已经是很快了，如果遇上语言不通的外国人，30 分钟内能干成什么事就不好说了……而采用数字签名概念的租车方式，一个客服能在 30 分钟内至少接待 60 个顾客——无论这些顾客是哑巴还是外星人。

如果你认为数字签名概念的租车方式仅仅是能让客流增长 10 倍，就大错特错了。

我们不妨想象一下，当你在 A 租车公司的接待前台前排了半个小时的队，却眼睁睁看着旁边 B 租车公司的顾客噌噌地川流而过的时候，你会做出怎样的选择？你肯定会抓住一个 B 公司的顾客问："兄弟你怎么这么快就办完了？"对方解释一番后，下一次，你绝不会愿意再排半小时的队，久而久之，A 公司的顾客将全部流失。

或许有人会对这种数字签名概念的安全性提出质疑。在这里，有必要介绍一下DocuSign公司。

炒比特币的玩家对这家公司应该不陌生。作为数字签名概念的初创者，DocuSign现在已经取得了 ISO 27001，SSAE 16 的认证——这是目前世界上最高的信息安全认证标准，每年接受世界上最严格的第三方审计。

在技术方面，DocuSign采用用户加密认证，并且可以绑定特定的 IP 地址登录账号，保证用户数据的安全；该公司的数据中心分散于世界各地，即便其中一个受到破坏，也不会导致用户数据泄露；所有保存在 DocuSign 数据中心的数字文件都使用了防篡改技术，对于坏心眼的黑客而言，压根就就不知道这些虚拟的文件散布在哪里，自然无从下手。

DocuSign的创始人 Tom Gonser 对此曾经形象地比喻，数字签名比锁在银行保险箱里的文件还要安全。

目前，美国全国房地产经纪人协会中超过 110 万房产经纪人选择 DocuSign 的数字签名服务来签署房屋交易合同，90％以上的世界 500 强企业都使用过 DocuSign 的数字签名服务，而惠普和思科甚至已经把 DocuSign 数字签名作为标准化的签名工具。

第二节　出行共享

当互联网人士谈论起"共享经济"时，除去共享单车外，如滴滴打车这样的网约车、如 Airbnb 这样大的共享食宿都是共享经济的应用。这些产品体现出如何资源共享利用、分享者获得价值之类的共享观点。但事实上，目前共享经济项目的商业模式，某种程度上恰恰并不进行共享，它们通过中心化聚合资源，然后统一分配出去，性质偏向于聚合经济！ 而区块链的弱控制、分中心、自治机制、网络架构和耦合连接特性，让其成为一种完全区别于工业社会的信息社会时代的新型社会结构。而这些区块链的特性与共享经济存在某种程度上的共通。共享经济的本质是不再强调集中，把分散化的社会资源用点对点的方式，让参与者各自以不同的方式付出和受益，而区块链和共享经济这两个相互契合的互联网热点恰恰存在着充分的"合作空间"。

现阶段的共享经济，是由一个平台将资源共享者和消费者分为两类，一边负责提供产品或服务，一边负责消费。这种阵营对立的市场让作为聚合中心的平台获取巨额利润，真正的资源共享者反而时常抱怨获利与付出不匹配。在很多企业和机构的商业模式中，经常吹嘘共享生态在内的各种生态系统，其本质并没有离开价值链这个传统思维，都是在为自己的企业服务，把自身立于价值链条上最挣钱、最获益的环节。但区块链本质是无消费者和共享者之分，区块链的加入可以解决目前共享经济无法实现的痛点。

不过由于整个市场发展不成熟，一些打着共享经济的公司已悄然淡出视野，但新模式出现总需要适应和反复迭代。对于共享经济来说亦是如此。其发展的第一阶段可能已经成为过去，但技术的发展会使新模式得以激活。如果事实如此，那么不仅仅是出现租赁家用工具的新应用那么简单，而且将是资本主义诞生以来整个社会关于财产所有权的最大革命。

凡事皆有两面性。共享经济有利有弊，其可能放大社会不公，也有可能促进社会公平。技术的发展总可以被用于不同的地方：就像一把锤子，既可以是家用工具，也可以是谋杀工具，这取决于谁在使用它。无论更好或者更坏，这都不是一个简单的技术问题。但共享经济和区块链结合必定是势不可挡的未来，并将会带来一个不同的生活方式，甚至是颠覆式的改变。

第 十 四 章

BITproof 联合学校认证学历项目

第一节　学历认证的来由

区块链是比特币的底层技术，在比特币的应用中，整个区块链就是比特币的公共账本，网络中的每一个节点都有比特币交易信息的备份。比特币是区块链的一个"杀手级应用"。

1.0时代：以比特币为代表的可编程数字货币

数字货币，顾名思义，并非真实的货币，而是存在于数字化、网络化的世界中。它不完全等同局限在网络游戏等虚拟空间中的虚拟货币，区别在于游戏虚拟货币是由企业发放，依靠企业信用背书。而数字货币经常被用于真实的商品和服务交易，目前全世界发行有数千种数字货币，包括比特币、以太坊、瑞波币等等。

数字货币中知名度最高的要属比特币了。比特币通过计算机的特定算法产生，不依靠特定机构发行，是一种虚拟货币。据了解，任何人都可以通过相关的软件"制造"比特币，然后利用电子签名的方式来实现流通。目前，在全球范围内，比特币可以通过多个线上的交易所和服务商进行兑换交易。

因此，区块链技术不断在各领域亮相，比如：公证。

公证作为当前社会的重要需求，具有较高的成本并严重依赖政府机关和权威单位的信用，这也造成了国内知识产权保护不够的问题。区块链拥有去中心化的特点，能够使用数学信用背书完成全自动化公证。如果从重要信息到生活痕迹都能够证明所有权，且数据永久保存并随时可追溯源头，微信息和微知识产权将形成体量惊人的交易市场。当前也有不少公司在公证领域做出尝试。Bitproof 专注于学校学历证书的认证，Everledge 将钻石等奢侈品进行区块链登记，Factom 提供对所有文书、文件的数据资料公证服务。区块链技术可自动、便捷地完成无可辩驳的全球公证，有望让公证领域进入一个全新的阶段。

区块链保障信息不可篡改的特性可以应用在教育、人力资源和社会保障、档案等部门。利用区块链技术，解决现有的学生信用体系不完整、数据维度局限、缺乏验证手段等问题，简化其流程和提高其运营效率，并能及时规避信息不透明和容易被篡改的问题。在区块链中记录跨地域、跨院校的学生信息，追踪学生在校园时期的行为记录，构建良性的信用生态体系。此外，通过区块链为学术成果提供不可篡改的数字化证明，可为学术纠纷提供举证依据，降低纠纷事件消耗的人力与时间成本。

第二节　BitProof 项目概况

BitProof 推出区块链学历认证项目。BitProof 是一家专门利用区块链技术进行文件认证的初创公司，该公司与加州软件工程师培训学校 Holberton School 开展合作，利用区块链技术向学生颁发学历证书，实现学历记录真实性。同时通过区块链学历验证体系，招聘者在进行学生背景调查时，通过在线区块链系统，可以快速获得学生学历及毕业证书信息，降低学历伪造风险。

在教育领域，我们看到前段时间已经有不少大学开设了数字货币课程，其中包括斯坦福大学、麻省理工学院、普林斯顿大学。

不过，现在有学校要使用区块链技术来确保毕业证书的真实性。就像之前音乐行业尝试利用区块链技术保护音乐版权，这是一种新的发展趋势。

霍伯顿学校（Holberton School）是一所软件工程师培训学校，该校宣布将利用比特币区块链技术向学生颁发学历证书。

该校对待这一探索非常严肃，它已经与一家区块链初创公司 Bitproof 开展合作，Bitproof 是一家专门利用区块链技术进行文件验证的公司。

该校也成为世界上第一个使用区块链技术记录学历的学校。这一做法得到了一些招聘公司的赞赏，据 HireRight（HireRight 是一家提供背景调查的国际公司。）的调查，约 86％ 的受访雇主表示他们发现不少学历造假的应聘者。

来自 CoreOS 公司的招聘人员哈格蒂（Haggerty）也赞同大多数招聘者的观点：学历造假是一个普遍存在的问题。因为现在伪造学历文凭和证书非常容易。

Bitproof 公司的创始人鲁信·杜蒙特（Louison Dumont），同时也是区块链技术的专家，他说，区块链是这一问题的完美解决方案。"众所周知，区块链是用于存储比特币交易的，因为它是一个去中心化的、可验证的防篡改的存储系统。"

因此，在他看来，区块链自然也可以用来存储学历证书。

霍伯顿学校的联合创始人西尔万·卡拉升（Sylvain Kalache）对此深信不疑，他说："区块链技术是文件验证的未来，在接下来的几年里，将会有更多的学校利用区块链来确保学历证书和文凭的真实性。"

第 十 五 章

以太坊开发实践及案例分析

第一节 以太坊介绍

以太坊(Ethereum)是基于区块链技术的智能合约和去中心化应用平台，以太坊不直接"支持"任何应用，但内置图灵完备的脚本语言，理论上可以通过"智能合约"机制创建任何交易类型和应用。"智能合约"就像一个自动的机器人，每当接收到一笔交易，就会运行特定的一段代码，这段代码能执行实现约定的数据存储或者发送交易。与比特币等密码学货币相比，以太坊的核心理念很简单：内置图灵完备编程语言的区块链，允许在上面创建任何种应用。

以太坊是一种新的去中心化账本协议，不是一种竞争币。以太坊的理念基因中不仅含有比特币基因，还含有 Bit Torrent、Java 和 Freenet 的基因。从产品的角度而言，它是一个通用的全球性区块链，可以管理金融和非金融类型应用的状态。以太坊是一个非营利性项目，由以太坊基金会负责管理。以太坊基金会是家注册在瑞士的非营利性组织，基金会的目标是管理通过以太币预售募集到的资金，从而更好地为以太坊和去中心化的技术生态系统服务。基金会下面设有董事会和顾问委员会。现在以太坊基金会董事会有五位成员：Ming Chen、VitaliButerin(以太坊创始人)、Lars Klawitter、Wayne Hennessy Barrett、Vadim DavidLevitin，其中 Ming Chen 是执行董事。顾问委员会有两名成员：Stefano Bertolo、William Mougayaro。

第二节　开发过程

2013 年年末，以太坊创始人 Vitali Buterin 发布了以太坊初版白皮书，在全球的密码学货币社区陆续召集到一批认可以太坊理念的开发者，启动了项目。

在 2013 年 12 月到 2014 年 1 月这段时间，以太坊的工作重心是如何启动 Vitali 在以太坊白皮书所描绘的愿景。团队最后都认为创世纪预售是一个好主意，经过长期、多层面的讨论，为了创建一个合适的基础结构和法律策略，团队决定延期原本在 2014 年 2 月份举行的创世纪预售。

2014 年 2 月对于以太坊是一个非常重要的月份，以太坊的各方面都在突飞猛进：社区成长、写代码、写 Wiki 内容、商业基础结构和法律策略。在这个月，Vitali 在迈阿密比特币会议上第一次公布了以太坊项目，并在 Reddit 上举办第一次"问我们任何事儿"（AMA），核心开发团队成为世界级的密码学货币团队。迈阿密会议后，Gavin Wood 和 Jeffrey Wilcke（这两个人和 Vitali 构成以太坊开发团队最核心三人组）加入以太坊，进行全职工作，虽然在这以前，他们完全出于兴趣为以太开发 C++ 和 GO 客户端。

在 3 月初以太坊发布了第三版测试网络（POC3）。在 3 月 5 日，经过长时间的研究，最终将以太坊总部搬到了瑞士楚格州。在 6 月，团队发布第四版测试网络（POC4），并快速向 POC5 前进。同时，Vitali 因为他为以太坊所做的前沿工作获得泰尔奖学金（Thiel Fellowship，Paypal 联合创始人、Facebook 投资人、《从零到一》作者泰尔为 20 岁以下的学生所设立的奖学金，奖金为 10 万美元）。在这一期间，团队还决定将以太坊做成一个非营利性组织。

在 7 月 14 日，团队创建了瑞士以太坊基金会，在 22 日发布了第五版测试网络（POCS），在 24 日开始了创世纪预售，同时在 Reddit 上组织了第二次"问我们任何事儿"（AMA）。

从 2014 年 7 月 24 日起，以太坊进行了为期 42 天的以太币预售，一共募集到 31 531 个比特币（当时的比特币价格是 1 843 万美元，根据维基百科排名，以太坊目前是第四大的众筹项目）。预售时，在比特币区块链浏览器里可以看到每一笔转入和转出。在预售前两周一个比特币可以买到 2 000 个以太币（当时比特币价格 3 500 美元左右，即当时购买价是 1ether＝1.7—1.8 美元），一个比特币能够买到的以太币数量随着时间递减，到最后一周，一个比特币可以买到 1 337 个以太币。前两周的以太币收到超过 25 000 个以太币，出售的以太币超过 5 000 万个以太。最终售出的以太币的数量是 60 102 216。

另外，0.09x（x＝60 102 216，为发售总量）个以太币将被分配给 BTC 融资或其他的确定性融资成功之前参与开发的早期贡献者，另外一个 0.099x 将分配给长期研究项目。所以以太坊正式发行时有 60 102 216 ＋ 60 102 216 × 0.099 2 ＝ 72 002 454（个以太币）。自上线时起，在 POW（工作量证明机制）阶段，每年都将有 0.26x，即每年有 60 102 216 × 0.26 ＝ 15 626 576 个以太币被矿工挖出。1—2 年内转成 POS（权益证明机制）后，每年产出的以太币将大为减少，甚至可以不再增发新币。

2014 年的秋季是开发团队的丰收季节，在写代码和运营方面都取得了很大进展。10 月 5 日发布了第六版测试网络（POC6）。这是一个具有重要意义的版本，亮点之一是区块链速度。区块时间从 60 秒减少到 12 秒，使用了新的基于 Ghost 的协议。

11 月有两件值得纪念的事情，Vitali 险胜扎克伯格（Facebook 创始人），获得了世界技术奖项的 2014 年最具创新软件奖，另外还举行了第一届以太坊开发者会议 DEVCONO 和黑客马拉松比赛。

在 2015 年 1 月，团队发布了第七版测试网络（POC7），Vitalik 在消费电子展上与 IBM 和三星的人员见面，在 2 月，他们正在展示利用以太坊技术的物联网项目，团队发布了第八版测试网络（POC8）。

在 3 月，团队发布了一系列关于发布创世纪区块的声明，同时第九版测试网络（POC9）也在紧张开发中。在 5 月，团队发布了最后一个测试网络（POC9），代号为 Olympic（奥林匹克）。为了更好地对网络进行测试，在 Olympic 阶段，参与测试网络的成员会获得团队给予的以太币奖励。奖励形式有多种，主要包括测试挖矿奖励和提交 Bug 奖励。

经过近两个的严格测试以后，团队在 7 月末发布了正式的以太坊网络，这也标志着以太坊区块链正式运行。以太坊的发布分成了四个阶段，即 Frontier（前沿）、Homestead（家园）、Metropolis（大都会）和 Serenity（宁静）。目前（本书写作时）以太坊已发布进入了 Homestead 阶段。

Frontier（前沿）采用了一个类似 Bitcolners 的模型，是以太坊的最初版本。Frontier 是空白版的以太坊网络：一个用于挖矿的界面与上传和执行合约的方法。Frontier 的主要用途是将挖矿和交易所交易运行起来，从而社区可以运行挖矿设备，和开始建立一个环境，人们可以在里面测试分布式应用（DAps）。在这个环境中，用户上传自己的软件到以太坊需要以太币。由于 Frontier 阶段的以太坊客户端只有命令行界面，没有图形界面（但是有测试版的图形界面钱包），所以用户使用起来有点难度。目前，Frontier 阶段的以太坊网络已经运行得十分平稳。如果核心开发者和审计人员认为 Frontier 已经十分稳定了，将从 Frontier 迁移到 Homestead（家园）。Homestead 阶段与 Frontier 阶段相比，没有明显的不同点，只是表明以太坊网络已经平稳运行。

在 Metropolis 阶段，团队将最终正式发布一个为非技术用户设计的、功能相对完善的用户界面，也就是发布 Mist 浏览器。团队期望 Mist 的发布将包括一个分布式应用（DApp）商店和一些功能完善、设计良好的应用，表现以太坊网络的强大。Mist 浏览器将非常简单易用，只要会使用普通浏览器就会使用 Mist。

在以太坊的第四阶段：Serenity（宁静），以太坊将从 POW（工作量证明机制）转换到 POS（权益证明机制）。工作量证明意味着将电力转换为热量、以太币和网络稳定性。但是若非必要，以太坊不想因为挖矿排放过多热量，所以需要修改算法：权益证明（POS）。网络从工作量证明（POW）转换到权益证明（POS）将需要一个实质性的转换、一个转变过程，这似乎是一个长期过程，但并不是那么遥远：这类开发工作正在进行中。POW 是对计算能力的严重浪费，从 POW 的约束中解脱出来，网络将更加快速、更加有效、对新用户来说更加易用、更能抵制挖矿的中心化等。这将可能是像将智能合约放到区块链一样的巨大进步。

转换到 POS 以后，前三个阶段所需要的挖矿将被终止，新发行的以太币也将大为降低，甚至不再增加新币。

第 十 六 章

Fintech 公司区块链

第一节　Fintech 即金融科技

与中国近年来更流行的"互联网金融"概念不同，在国际上"金融科技"一词更为主流。至于两者间的区别，与其说是地域称谓有所不同，不如说"互联网金融"更强调现有金融业务的线上互联网化，对金融业务本身的改变并不多；而"金融科技"则更加强调利用数据和技术，对金融业务本身进行各领域创新，互联网只是其最基础的实施手段。

因此，伴随技术的不断进步，尤其是机器人、大数据、区块链在金融领域的广泛应用，"互联网金融"越来越多地被"金融科技"所取代，成为新金融的希望所在。

2016 年被称为 Fintech 元年。有调查预测，未来超过 20％的传统金融服务业务有望被独立的金融科技企业取代（也许更多），尤其是带有自治去第三方特征的区块链技术被金融界广泛接受之后，越来越多的技术型公司变身为 Fintech 公司，新金融脱离旧领地，给全世界带来了"2.0 版本"的进化论。

第二节　Fintech 投资依然强劲

2017 年 2 月，毕马威发布了《2016 全球 Fintech 投资分析报告》，总结分析了 2016 年投资变化和 2017 年投资预测。

2016 全球 Fintech 投资总额达到了 247 亿美元，而在 2015 年是 470 亿美元，同比下降近 50%。不过，2016 年全球风投在 Fintech 领域却创下 136 亿美元新高。这说明虽然全球投资市场在去年呈现收缩的趋势，但是仍旧表现强劲，并意味着对 Fintech 的追逐从最初的狂热，转向了相对成熟的谨慎期，资本将更多地关注技术的实际应用，而不是仅仅停留在理论、概念以及对未来的美好畅想上。

尽管如此，KPMG 也承认，对比其他领域 Fintech 全球融资依然表现强劲。而综观全球市场，以中国为代表的亚洲地区，则表现出前所未有的活跃态势。其中，令人印象深刻的就是阿里系"蚂蚁金服"45 亿美元的融资。它于 2016 年 4 月完成了全球规模最大的一轮私募融资，总估值则高达 60 亿美元。而另一些在国内知名度似乎并不高的中国 Fintech 公司也出现在 KPMG 的报告当中，例如上海的信而富 2016 年完成 C 轮融资 3 500 万美元融资，注册于北京的量化派则获得了 5 亿元的 C 轮投资。

在区块链领域，全球投资数量从 2015 年的 191 件下降到 2016 年的 132 件，但投资总额却从 2015 年的 441 万美元上升到 2016 年的 543.6 万美元。

第三节　Fintech 的新金融之路

正如某金融人士所言：无论人们承认与否，从某个角度来讲，信息化在整个金融企业中的作用已经到了改变金融企业生态的地步，换言之，金融企业需要 T 属性，而企业的 T 属性到达一定程度，企业可能就拥有了金融的特质。同时，这也就意味着，普惠金融时代到来了！

而由于中国 Fintech 公司的发展，刚好契合了新中产和互联网消费成为中流砥柱的黄金节点上，Fintech 公司的发展比老牌欧美国家更具天时、地利、人和的优势，相应的发展速度也非常神速。对比传统金融充满历史感的沉淀和磨砺，中国 Fintech 公司更像革命新贵。例如，中国最大（也一度是全球最大）的银行工商银行创立于 1984 年，拥有几十年的历史和无数的国家资源。而中国最大的 Fintech 公司"蚂蚁金服"，刚刚走过十多年历程，属于私营企业。工商银行在全国拥有 167 万个网点，有 46 万多员工（2015 年数据），市值 1.67 万亿人民币。而"蚂蚁金服"在中国没有线下实体网点，员工约 6 000 人，估值 600 亿美金。也就是说，"蚂蚁金服"用了不到工商银行约、1/13 的时间、约 1/80 的人力，没有开一家店面，就打造出了 25 个工商银行的市值。

从业务上来说，"蚂蚁金服"等国内较大的 Fintech 公司的业务几乎囊括所有的银行业务，如支付、消费信贷、中小企业贷款、财富管理等，已经基本算是一个银行了，况且它们背后却是都有银行牌照予以支持。但最可怕的是，他们在实际市场中有着比银行更多的优势，例如技术、用户数据、渠道优势和对下一代用户有着更强的占有优势。

Fintech 公司的兴起已经是大势所趋，而区块链技术的应用，将对这趋势起到强大的推波助澜的作用。区块链天然的互联网基因，使得 Fintech 公司在这场未来市场的争夺战中占有天然优势。而传统金融历来的一些机构牌照"护城河"，在未来可能被全新的去中介性技术应用所取代。

尽管以区块链为代表的颠覆性应用还在探索和摸索阶段，但金融的游戏规则势必将被技术所改变。不管是在银行、保险、证券，还是 Fintech 本身，技术的进步无人能够阻挡。"未来已经来临，只是尚未流行。"美国作家威廉·吉布森（William Gibson）的这句话非常适合在此处出现。

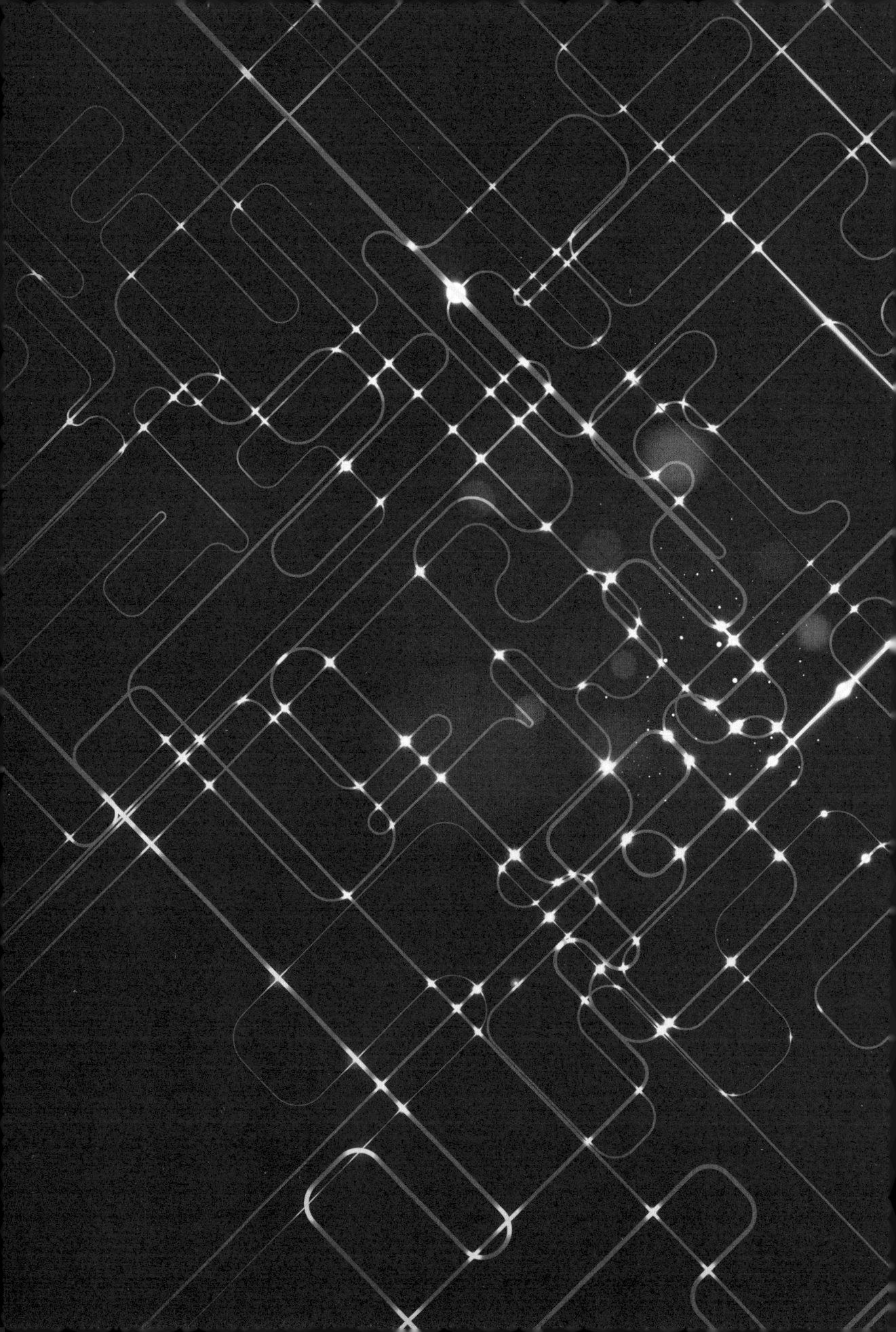

混沌争鸣篇

- 区块链的背面

- 区块链众生

- 技术与规范

- 自由与演化

- 博弈与合作

- 巨头入局

第 十 七 章

区块链的背面

比特币从诞生之初，就争议不断，2018 年 6 月 27 日，笔者参加了中本聪团队在上海浦东丽兹卡尔顿酒店的见面会，听了中本聪团队 Martti Malmi 先生的演讲，并与其直接交流，更多地了解比特币以及区块链技术的发展过程。2008 年，中本聪构思出比特币的雏形。2009 年，比特币项目正式上线运行。2009 年 5 月，一个来自赫尔辛基科技大学的学生，给中本聪发送了一封具有历史意义的邮件信中写道：“我想帮助开发比特币，有什么我可以做的？”这位名为 Martti Malmi 的大二学生，应该还想不到这一举动足以在日后改变世界。2009 年至 2011 年，Martti 通过芬兰赫尔辛基服务器管理着 bitcoin. org 和 bitcointalk. org（bitcoin forum）两大社区，社区成员甚至曾一度认为 Martti 就是中本聪本人。2011 年 5 月，消失之前的中本聪给 Martti Malmi 发了最后一封邮件。“我已经在忙别的事情，很可能将来都不会再出现了。”中本聪消失之后，Martti 的工作重心由比特币转移到区块链技术，正式成为一名区块链技术开发的先行者。

第一节　区块链的真相

2018年是比特币诞生的第九年，在了得资本的诚邀下，Martti Malmi首次来到中国，分享他早期参与比特币项目开发和与中本聪共事的经历。同时，了得资本邀请数百位国内一线投资机构、落地应用项目方、区块链行业专家，与Martti围绕全球区块链技术的现状与发展进行探讨与交流，笔者也在受邀之列。Martti讲述比特币故事的过程中，最令作者感到惊讶的是，2011年比特币早期开发团队中，有人受邀去美国中情局演讲引发争议，此后不久，中本聪又消失了。

2018年5月1日，一篇名为《区块链10大真相：饿狼扑食，集体传销，500万人涌入割韭菜》[①]的文章引起了我的关注，它掀开了区块链世界的面纱。

现在的中国，尽管区块链技术并没有被高层一棍子打死，也有许多极客在潜心地研究、实践。但是，目前的区块链市场，更多被币圈的乱象所笼罩。为了让真正有志推动区块链应用价值落地的人们，不被短期的圈套所蒙蔽，现在有必要对区块链世界的一些真相一一进行挑破。愿劳动的价值和光辉永存，虚幻和骗局离你远去！

真相一　去中心化的谎言

提及区块链，莫不会鼓吹它的神奇：去中心化、分布式数据存储、点对点传输、共识机制、加密算法等。

其中，去中心化是最被神话和热炒，同时也是被误解最多的一

---

① 《区块链10大真相：饿狼扑食，集体传销，500万人涌入割韭菜》，来源：海哥商业观察（ID：hgsygc），作者海哥。

点。在亚当.斯密的《国富论》中，"看不见的手"其实就是对"去中心化"的一种论证。

用亚当·斯密的话来说："每个人都试图用应用他的资本，来使其生产品得到最大的价值。一般来说，他并不企图增进公共福利，也不清楚增进的公共福利有多少，他所追求的仅仅是他个人的安乐，个人的利益，但当他这样做的时候，就会有一双看不见的手引导他去达到另一个目标，而这个目标绝不是他所追求的东西。由于追逐他个人的利益，他经常促进了社会利益，其效果比他真正想促进社会效益时所得到的效果更大。"

"去中心化"本质上是一个追求更加公平的参与过程，而未必能够达到去中心的结果。

就区块链本身讲，按照中本聪所言"一 CPU 一票"，算力即权力，每个人都能通过自己的个人电脑、手机挖矿。但是，如果一个人拥有大量的算力，他其实在理论上就可以成为控制的"新中心"。

对虚拟币的交易所而言，它们就是一个又一个的新中心。它们通过搞排行选票助推上交易所的价格暴涨，一个虚拟币要上交易所，所需费用少则数百万、高达数千万元。

而实际上，币圈为了达到收割韭菜的目的，把区块链"去中心化"意淫成为了要去体制、监管以及经典互联网和商业的中心化。把话挑明，在中国近代史上，曾经努力推翻的三座大山，不就是一个"去中心化"过程吗？

实际上，去中心化的过程，就是新的中心形成的过程。装什么大尾巴狼呢？

真相二　失意者的狂欢

罗兰·罗曼说："世界上只有一种真正的英雄主义，就是认清了生活的真相后还依然热爱生活。"

那些区块链币圈玩家，往往都是在此前的创业、工作和生活中不是那么顺利的人。不过，他们把这种对事业和生活的热爱，多半都用在了割韭菜上。

据一位区块链从业者老乡说，年初一个创业项目倒闭欠债数百万的创业者找到他，希望投资他的项目，从写白皮书到最后募集上亿资金，什么都没干短短几个星期就实现了逆转。堪称非常震撼。

也常有朋友，在耳边吹风，谁谁从一个大家都差不多的屌丝，又炒币炒成了千万富翁。

综观整个行业的玩家，除了少数是原本已经很"成功"（有钱）却有极具眼光的大佬外，多数都是这样在别的领域的不如意者。比如，从网约车大战中被踢出局的，在传统公司运营中巨亏的，在传统投资中没有什么业绩的，以及被90后玩家们割了韭菜的，还有大大小小的无数的创业失败的人。海哥只负责说出真话，不负责对他们进行"攻击"，具体是谁可以去查验。

更有那些本无一技之长，却也干起了收割"智商税"的家伙，搞沙龙收个200块，开个会收个5 000块，甚至连网红、模特、大妈，各等货色都在入场。接下来，就差微商入场了。其实，微商是最该入场的，今天不表，改天会专门做个分析。

这本没有什么错，这也是商业世界的现实。成王败寇，没干好的，自然得找一个新的领域去大干一场。这也不是在耻笑，如果要耻笑他们，那海哥也是在耻笑自己——本来生意没做好，倒是开始卖弄起文字来，也算是"沽名钓誉"之辈吧。区别在于，我还算认真写字，币圈玩家们99%都是在割韭菜。

这就是现实。区块链宣称的"平行世界"、"去中心化"，甚至民主与自由，成为这些玩家们扛起的信仰大旗。

真相三　全球"大传销"

恰如区块链研究者陈菜根所言：区块链的最大共识就是赚钱。如果再补充一点的话，那就是：目前，区块链的最大共识就是割韭菜赚钱。

根据观察了解，币市繁荣的背后，是99%的项目都没有落地，99%的项目也将要死掉。即便有落地的项目，也是在经典互联网世界中，干得很差的项目，这类项目往往适合通过赋予区块链的思想、理念、逻辑，再卷土重来。

在这样的背景下，狂热炒作的本质就是：贩卖预期、贩卖暴富的预期，然后让圈外的人恐慌，也让圈外人看到希望，通过一篇篇故事、一个个言论，让更多的小白入场，以此支撑价格和流动性，从而给先入局者创造套现获利的机会。

基于这样的逻辑，在一个项目中，站台的、基石投资人、运营团队、私募的投资者、二级市场上投资者，不管三七二十一都会鼓吹项目如何好，而往往上套的都可能是出于对你有点信任的人。有的是在项目发币上交易所的时候跑掉，有的是通过做市值的管理到一定时候爆发跑掉。

而接盘的人，自然成为了盘中的韭菜。但是，他们会坚信，"只要给我时间，一切都还可以重演，也可以再割一把后来的人。"某种程度上，这和拉人头的传销没有什么大的区别。

比特币的走红，让区块链爆红，从而也让其他主币、代币跟着充满了想象空间。实则，在全球范围来看，这也就是一个有共识的集体"大传销"——把大把财富从此地转移到彼地、从一个人转移到另一个人的全球"大传销"。

目前，在这趟浑水中，也真的出现了"真传销"。

真相四　投资人也被割韭菜

有一个段子说的很形象：凭什么 60 后、70 后把 1 000 块一平的房子炒到 10 万卖给我们，就不许我们 80 后、90 后、00 后把比特币等数字符号炒到 10 万卖给他们？

貌似，一些操作区块链项目的 90 后，也令一些传统投资人"闻风丧胆"，形容起 90 后来是"没有节操，没有底线。"

王某欣堪称一个神奇的小女孩，耗光投资后公司关门，又开始倒卖虚假保健，而后加入炒币大军。此前，有多家媒体报道，王某陷入了纠纷旋涡，涉及代投金额达 1.5 亿元，已经"电话无法接通，手机无法定位，微信朋友圈名称和内容都进行了修改不可见"。

据一位接近某项目运营方的朋友介绍，在以太坊价格 8 000 左右的时候，搞一个白皮书募集了一两万个 ETH。当时，项目方直接就把 ETH 卖了，收入囊中上亿资金。这次操作完后，整体币市进入熊市阶段，ETH 跌倒最低不到 3 000 元。参与其中的，投资人同样也是被割。

今年 1 月初，徐小平通过真格投资项目群内沟通爆料的方式来宣告：all in 区块链。

后来，经纬中国创始管理合伙人邵亦波向真格基金徐小平泼冷水，另外谈了谈对比特币、区块链、ICO 等概念的看法，他认识 98% 的 ICO 会血本无归，参与其中更像是赌博。大年轻人部分人对邵亦波不太熟悉，他就是那个老是吓唬创业者的张颖的核心搭档。徐小平回复称：完全同意邵亦波的观点！

还有媒体采访投资人杨宁，专门写了一篇爆文：《区块链根本不怕 BAT》，宣称：再过 5 年，将会出现一个数百亿的"经济体"，这个经济体不是一家公司，不是以公司形态出现，公司形式将会成为非主流。因为，区块链不是挑战某一家公司，而是所有公司，挑战的是整体公司体制。

而实际上在此看来：区块链领域，在每一个大声疾呼和阴阳怪调者背后，都有幺蛾子。无非就是要让更多的韭菜进入，好让投资人自己从投资项目中尽快解套而已。

真相五　没有监管的交易所

说到交易所，大家首先想到的是上交所、深交所、纽交所、纳斯达克。每个国家的交易所都会受到所在国家法律和经济政策的监控及管理。而区块链的交易所，则是一个没有任何监管的"自由市场"。唯一的"监管者"，就是交易所运营方。

与其说它们是交易所，还不如说它们是赌场。每一个赌徒，持有不同数额的筹码，不管你输赢都会留下交易手续费。每一个项目方，进场开桌也要交大额的费用。

这些交易所，既是裁判又是运动员，有的既有媒体又投项目。它们也可以通过控制舆论和交易量来操控市场，反正在没有监管之下，一切都可以自己说了算。

作者在某交易所平台上有过交易体验，卖买各 5 档，居然都对不上。挂单基本上每次都无法成交，那数千万的交易量怎么来的，无疑就是平台控制的。

此前，火币旗下 HADAX 在采取项目投票排名进行上币。火币网公布的投票结果显示，排名前三的项目币的投票数量都达到千万级别，投票花费分别为 4 793 万元、4 439 万元、4 365 万元。而每投一票需要花费 0.1 个 HT，而 HT 是火币网自己创造的代币。

换言之也就是说：自己开平台，自己发货币，然后自己坐庄，把自己发行的货币作为这个平台上投票所必须使用的通用货币，就是通货。

这是一个多么完美的买卖啊！ 在这样的交易平台上进行交易其实

毫无公平和自由可言，韭菜们死都不知道怎么死的。

唯独期望，有关部门的牌照和监管制度尽快来临。

真相六　空气币迟早要清零

区块链 99% 的项目都是空气，这是玩家们的一个基本共识。其实，连比特币这样的主币都是空气——靠一个共识而存在。显然，目前来看，只是这个共识足够坚固而已。

为什么会坚固？ 因为共识的人足够多，同时各类代币、空气币的交易都以其作为转换标准，自然而然主流币如 BTC、ETH 都成为了"硬通货"。

某种程度上，每个国家的法定货币，其实也是一种"共识"，不过这种"共识"由一套法律和经济规则而决定。从这个角度讲，区块链中的主币，或者将来某个领域的主币，它的价值还是会有的。

但是对纯粹的，没有任何项目落地，也没有致力于推动某个生态和社区的建设，这样的项目，到最后必然是沦为一场骗局。被割的韭菜们无疑只能守着一堆无用的"Token"接着找人忽悠下去，以挽回一点损失。

从目前来看，空气币的营生基本难以为继了。在熊市背景下，赚钱的共识就难以持续，韭菜就越来越不好割。募集资金就不会容易，本身上币的门槛已经很高——你得找到投资者给你垫底，你得搭一个基本的团队，还得花数千万再去上交易所。基本上，现在一上去就破发。这样的故事发生多了，再傻的韭菜也不会轻易上当。

尽管，最近市场又有一波小牛行情，但阻力还是非常明显。市场一被玩坏，最初的博傻红利自然消失殆尽。

如果还有接着上空气币，只能说骗子的能力比较强，当然傻子也足够多。不过，多数人都会坚信一点：出来混，迟早要还的！

真相七　区块链目前并没有真的提高效率

很多人都在说，区块链将能够提升交易的效率。其实，这个问题掰着手指头都能想明白。

先看两个基本概念，一个是去中心化，一个是效率。去中心化往往意味着众多节点协同参与，从理论上讲协同参与是能够提升效率的。但在现实中，协同参与，往往带来效率的降低。这里的客观原因来自，每个节点效能并非是标准化的。

举例说，基本上每个公司的头脑风暴，往往只有那 2—3 个人在说。其他人，基本上都是围观群众，可能会前也没做功课，基本也没思考，或者压根思考了也是一片空白。你要让每个人都参与协同作业，必然会浪费时间。

同样的，参与区块链中的每一个节点，个人 PC、笔记本电脑、性能更强的服务器，或者一台专业的矿机，这些设备从 CPU 主频、内存带宽、硬盘 IO 带宽均不一样，节点的网络情况也是千差万别。

同时，去中心化系统的软件为了保证运营于各种硬件条件下，所以一般不会针对专门硬件进行优化。而且，去中心化系统，特别是公有链为了保障一致性，会采用各种共识算法，采用更复杂的加密运算，无疑会消耗更多的计算资源。

年初，马化腾在朋友圈转发了一篇张首晟的文章，并表示，"目前众多公共区块链消耗大量能源计算力生产虚数字币到底算有等价物背书吗？"其实，也在对区块链算力的资源消耗提出了疑问。

从实际的交易效率结果上看，比特币 6—7 笔/秒，以太坊约 20 笔/秒，有个别项目号称达到上百笔/秒。对比 Visa 平均 5 万笔/秒、支付宝峰值 20 万笔/秒，简直不值一提。

《区块链量子财富观》的作者韩锋也认为，区块链技术能够降低成本、提高效率是一个误区。他在一次公开演讲中表示："价值互联网这个概念本身是一个误区：不外乎就是认为互联网原来只能传递信息，现在能够传递价值。但一方面，价值传递的过程中是不会升值的，人家还要收你手续费。另一方面，它是不可能帮你提高效率的，降低成本也不现实。"

乌托邦世界构想总是很完美，自由民主世界的想象也很美妙。但是，你会发现指哪儿打哪儿的中心化，在很多方面也是极棒的。

真相八　技术的威力还是未知数

笔者基本上所接触到的不少区块链从业者，都不认为区块链是一项伟大的新技术。它本质上是既有的多种技术的复合体。

去中心化和效率提升，其实是不值得被神话的。区块链延伸出来的智能合约以及数字化确权等特征，反而值得大书特书。一方面，智能合约，能够解决传统经济活动和经典互联网中的"信任问题"。另一方面，数字化确权其实是新的财富分配观。

说白了，以上这两点都是有利于生产关系的优化。如果能够将其运用到经济活动中，必然是很了不起的。因此笔者更倾向于把区块链看成一种思想。效率的提升绝非通过点对点的算力提升，而是通过消除信任成本、激活个体活力而提升。

这其实是社会的一个本质问题。当前看到的信息总有虚假，买到的货物也可能存在假货，而人心又总是防不胜防。用户给搜索引擎、社交网络、电商巨头作出了贡献，它们到头来甚至也不会回馈用户一点"残羹冷炙"。如果，能够通过智能规则来规避人性的弱点，区块链就算功德圆满了。

但是，归根结底，目前还看不到区块链到底有多大的威力、有多少可以得到切实的应用，许多都还没有成熟的方案。未来，区块链的技术自然也会处在一个不断完善的过程。

真相九　伟大往往从骗开始

区块链技术思想，本质上是有许多可取之处的。但是，一开始却在妖魔化和骗局中开场并得以"弘扬"。如果不是妖魔化、一茬茬割韭菜以及造富运动，谁会注意到它呢？人性的神经怎么才会被调动呢？

但遗憾的是，有诸多价值的区块链技术，并不能解决本身参与者存在的欺诈、骗局、人为操纵问题。

实际上，在新事物的发展过程中，最初都会涌入大量的骗子。

为什么会这样？这看上去是一个非常矛盾的社会学和哲学问题。这背后，其实是一个成本问题。

在传统经济活动中，骗子作案的成本往往是有既定的惩罚规则的，代价也是巨大的。但在新的领域中，一方面从政策上很难找到应对标准，可能还处在法律的盲区，另一方面新事物可能带来结构性的机会，让骗子可以借机翻身甚至洗白。按照这个逻辑，骗子自然会成为区块链中的最活跃分子，他们投入的热情也会是极大的、打鸡血式的。

因此，从某种程度上讲，在痛骂骗子们一茬茬跑路割韭菜的同时，一定程度上也在享受着骗子鼓吹起来的风口和机遇。

只是，目前面临的是以何种姿态和吃相参与其中的问题。这是一个价值选择题。

真相十　区块链依然有未来

市场既然如此混乱、币市行情也不好，那么，区块链还有未来吗？答案是肯定的！

前文也有提及，区块链更有价值的地方在于生产关系的重构。新的参与规则、信任机制、监管和约束机制，以及新的分配关系，落地到任何一个行业或者生活的某一个角落，那很有可能就是一次颠覆性的重新构造。

因此，只要区块链这门技术和思想不没落。区块链的价值绝对不会取决于短期币市的起落。它的价值，自然是一个长期显现的过程。这里面的真正的投资机会，也应当是价值投资机会。暴跌反而是一个去除虚假、去伪存真的过程。泡沫催生一个新的事物降生，泡沫后的去噪和重建则真正让新的事物得以成长、壮大。

根据历史的经验，目前经历过的每一种商业浪潮都会经历萌芽、高速发展、泡沫、低谷、稳健攀升的发展过程。这也是知名的 Gartner 曲线揭示的规律。

很显然，区块链的未来，绝对不是今天这样放任自由地混乱下去。独立的监管约束机制、法制的规范、真正落地应用、服务于实体经济的各个领域，以及每一个参与主体的持续价值创造，或许可以给区块链一个可期的未来。

据业内人士预估，目前参与区块链炒币的人数规模已达 500 万。相对于国家 13 亿之多的人口规模，这依然是少数中的少数。一个严重的问题摆在大家面前，你会不会成为被割韭菜的那一个呢？

第二节　监管行动

2018 年 3 月 19 日，香港证监会针对 ICO（是 Initial Coin Offering 的缩写，意为

初始代币发行）采取了监管行动。

香港证监会在其官网发布公告称，首次代币发行人 Black Cell Technology Limited（Black Cell）将停止向香港公众进行 ICO，并同意将相关的代币归还给香港投资者以取消有关的 ICO 交易。

证监会发现，Black Cell 通过其开放给香港公众的网站推销一项 ICO 以便向投资者出售数码代币，并在促销过程中向投资者指出会利用 ICO 的所得收益来开发一项流动应用程序，代币持有人将有资格赎回 Black Cell 的股权。

证监会认为在有关情况下，上述安排可能构成集体投资计划。

为响应证监会的监管关注事项，Black Cell 也承诺，除非符合《证券及期货条例》下的有关规定，否则不会设计、订立或推广任何构成"集体投资计划"的计划。

公告表示，若 ICO 涉及向香港公众提出购买集体投资计划中的权益或参与集体投资计划的要约，除非获得豁免，否则或须根据《证券及期货条例》事先获得认可或符合发牌规定。集体投资计划中的权益被视为《证券及期货条例》所界定的"证券"。

2018 年 2 月 9 日，香港证监会就发布了一则为《证监会告诫投资者防范加密货币风险》的公告。公告中称，由于市场风险逐渐增加，证监会继续监察管理市场，在必要时刻会采取行动，同时香港证监会还致信了正在当地市场招揽投资者的 7 家 ICO 组织，对其声明，涉及 ICO 的数字代币将会被认为是证券，将纳入监管。

针对数字货币及 ICO 的监管政策正在全球范围内缩紧。

由于很难通过传统融资渠道获得资金，区块链初创企业的发展仰仗于 ICO（首次代币发行）的支持，但目前炒作成分居多的 ICO 项目也不在少数，甚至不乏传销诈骗项目，美国、韩国等交易活跃地区已经纷纷出台了相应的监管措施。

大陆在对待 ICO 更加谨慎。2017 年 9 月 4 日，央行等七部委就联合发布公告叫停了各类 ICO，明确将 ICO 定性为"一种未经批准非法公开融资的行为，涉嫌非法发售代币票券、非法发行证券以及非法集资、金融诈骗、传销等违法犯罪活动。"

以下文章来源：中国银监会网站。具体公告内容如下：

中国人民银行　中央网信办　工业和信息化部
工商总局　银监会　证监会　保监会
关于防范代币发行融资风险的公告

近期，国内通过发行代币形式包括首次代币发行（ICO）进行融资的活动大量涌现，投机炒作盛行，涉嫌从事非法金融活动，严重扰乱了经济金融秩序。为贯彻落实全国金融工作会议精神，保护投资者合法权益，防范化解金融风险，依据《中华人民共和国人民银行法》、《中华人民共和国商业银行法》、《中华人民共和国证券法》、《中华人民共和国网络安全法》、《中华人民共和国电信条例》、《非法金融机构和非法金融业务活动取缔办法》等法律法规，现将有关事项公告如下：

一、准确认识代币发行融资活动的本质属性

代币发行融资是指融资主体通过代币的违规发售、流通，向投资者筹集比特币、以太币等所谓"虚拟货币"，本质上是一种未经批准非法公开融资的行为，涉嫌非法发售代币票券、非法发行证券以及非法集资、金融诈骗、传销等违法犯罪活动。有关部门将密切监测有关动态，加强与司法部门和地方政府的工作协同，按照现行工作机制，严格执法，坚决治理市场乱象。发现涉嫌犯罪问题，将移送司法机关。

代币发行融资中使用的代币或"虚拟货币"不由货币当局发行，不具有法偿性与强制性等货币属性，不具有与货币等同的法律地位，不能也不应作为货币在市场上流通使用。

二、任何组织和个人不得非法从事代币发行融资活动

本公告发布之日起，各类代币发行融资活动应当立即停止。已

完成代币发行融资的组织和个人应当做出清退等安排，合理保护投资者权益，妥善处置风险。有关部门将依法严肃查处拒不停止的代币发行融资活动以及已完成的代币发行融资项目中的违法违规行为。

三、 加强代币融资交易平台的管理

本公告发布之日起，任何所谓的代币融资交易平台不得从事法定货币与代币、"虚拟货币"相互之间的兑换业务，不得买卖或作为中央对手方买卖代币或"虚拟货币"，不得为代币或"虚拟货币"提供定价、信息中介等服务。

对于存在违法违规问题的代币融资交易平台，金融管理部门将提请电信主管部门依法关闭其网站平台及移动APP，提请网信部门对移动APP在应用商店做下架处置，并提请工商管理部门依法吊销其营业执照。

四、 各金融机构和非银行支付机构不得开展与代币发行融资交易相关的业务

各金融机构和非银行支付机构不得直接或间接为代币发行融资和"虚拟货币"提供账户开立、登记、交易、清算、结算等产品或服务，不得承保与代币和"虚拟货币"相关的保险业务或将代币和"虚拟货币"纳入保险责任范围。金融机构和非银行支付机构发现代币发行融资交易违法违规线索的，应当及时向有关部门报告。

五、 社会公众应当高度警惕代币发行融资与交易的风险隐患

代币发行融资与交易存在多重风险，包括虚假资产风险、经营失败风险、投资炒作风险等，投资者须自行承担投资风险，希望广大投资者谨防上当受骗。

对各类使用"币"的名称开展的非法金融活动，社会公众应当强化风险防范意识和识别能力，及时举报相关违法违规线索。

六、 充分发挥行业组织的自律作用

各类金融行业组织应当做好政策解读，督促会员单位自觉抵制与代币发行融资交易及"虚拟货币"相关的非法金融活动，远离市场乱象，加强投资者教育，共同维护正常的金融秩序。

第 十 八 章

区块链众生

区块链技术，无疑是离钱最近的技术，甚至它本身就是钱。而它的转移，又是那么轻而易举，甚至都不留痕迹。在缺乏监管的年代，区块链出现乱象，那就习以为常了。在区块链生态系统当中，会出现各种各样的工种，承担起帮助社会上的每一个人来打造全新的去中心化的区块链生态体系的责任。

第一节 区块链何去何从

随着区块链从高冷晦涩的专业术语变身为全民热议的"爆红"风口，众多嗅觉敏锐的商家正在想方设法抢占先机，以各种花式"蹭热点"借机吸金。然而，在区块链一片"繁荣"之下，也隐藏着各种信任危机。各种加密货币利用区块链的投机行为，大肆圈钱，整个市场泡沫化严重。不少公司打着区块链的旗号，行坑蒙拐骗之实。那在这样的市场乱象下，区块链应该"何去何从"？

一、虚拟货币乱象多监管加强

区块链的监管在去年迎来了第一个大动作：2017 年 9 月 4 日，央行等七部委发布了《关于防范代币发行融资风险的公告》。公告指出，国内通过发行代币形式包括首次代币发行（ICO）进行融资的活动大量涌现，投机炒作盛行，涉嫌从事非法金融活动，严重扰乱了经济金融秩序。《公告》要求各类代币发行融资活动应当立即停止，并做出清退等安排。有关部门将依法严肃查处拒不停止的代币发行融资活动以及已完成的代币发行融资项目中的违法违规行为。

今年 3 月 28 日，人民银行召开 2018 年全国货币金银工作电视电话会议，也表示将开展对各类虚拟货币的整顿清理。

二、ICO 风险高不适合百姓投资

曾一度火热的 ICO，到底存在哪些风险？

"有人说 ICO 与 IPO 相似，其实它更像是众筹模式，风险非常高。"中国社会科学院金融研究所法与金融研究室副主任尹振涛认为，ICO 和 IPO 之间存在较大差别，IPO 需要经过重重审核，而 ICO 还存在监管空白。与 IPO 的流程相比，ICO 只有一个白皮书就能融资，没有律师审核和券商辅导，白皮书也是项目方自己写就，风险非常高。

尹振涛称，白皮书中虽然写明了应用场景，但当投资者投了钱后，项目方到底怎么使用，就说不准了。"ICO 无考核、无监督，缺乏对消费者保护，不适合普通老百姓投资。"

三、白皮书提示区块链应用风险

4 月 10 日，由工信部下属中国信通院云计算和大数据所与京东金融在京联合发布的《区块链金融应用白皮书》，对区块链应用的风险进行了重要提示，包括相关技术不成熟限制了应用范围、监管体系不完善导致行业乱象丛生、区块链被过度消费导致的泡沫等。这些风险应该引起行业和监管部门的高度重视。

对于如何推进区块链的下一步应用，白皮书建议，一是在急用先行、大胆试错的思路指引下，加快行业标准化的推行；二是优先考虑痛点明显、增量显著、发展迅速的精品业务落地，试点成功后再逐步扩大；三是组织并扩大产业联盟，促进产业成熟。

四、区块链技术有哪些不足？

"区块链技术是把双刃剑。"区块链使用的 IPFS 协议是一个基于区块链的点对点超媒体协议，但存在不易监管等问题。另外，在数字货币方面新一代的数字货币交易隐藏深、追踪难，让监管更加困难。

五、如何防范区块链应用乱象？

五花八门的区块链应用、天价区块链培训、披区块链的皮行坑蒙拐骗的项目……区块链应用乱象的源头究竟在哪儿？

作者认为，ICO 乱象归根结底是创业者急于获取资金启动项目。按照以前的流程，创业者获得融资的时间很长，但用 ICO 获取融资速度却很快。"或许可以在资金上给予创业者更多的帮助。"

作者认为，如果不是创业市场渴求资金，得不到金融市场的支持，何来那么多创业者如此积极地扑进 ICO 市场呢？ 如果可以帮助正规的创业者找到合法的资金渠道，让资金成本更合理，更高效地支持创业者，或许能抑制 ICO 乱象。

六、区块链未来如何发展？

对于区块链技术的发展，几乎可以肯定的是：未来的生意都会基于数据，基于数据的所有生意都会从现在基于互联网的技术结构向基于区块链的技术结构转移。

"其实不管哪个领域，培训的投资都是最小的，而赚钱是最快的。"北大纵横合伙人朱宁认为，区块链覆盖力很强，如果在细分领域抢占先机，可能会很容易吸引到这个行业里传统企业的大佬，然后再与他们进行合作，就能赚到区块链培训的黄金。同时，随着区块链技术应用的蓬勃发展，必然导致大量传统企业的涌入，造成人才的大量短缺。此时如果有外包服务公司提供技术或理念服务，则将大大降低企业进入新行业的试错成本。此外，区块链时代还有很多可以赚钱的黄金点未被发掘，值得企业去探索。

第二节　区块链生态

区块链将是继互联网之后一个全新的交易支撑平台，同时也是交易的基础设施，就是像交通运输网一样，它将会影响未来所有交易的管道、平台与终端。在区块链生态系统当中，会出现各种各样的工种，承担起帮助社会上的每一个人来打造全新的去中心化的区块链生态体系的责任。

目前在区块链生态系统中具有代表性的八个角色。被业界戏传，这里给大家一一描述如下：

一、民工

在区块链族谱中第一个链人主体可以称之为"民工"。民工指的是生活中的每个围观或买卖比特币或其他加密数字货币发展的人。每个"民工"也是下面简介的比特币发展进程中的吃瓜群众，价格高起时一起激动，价格回落时大家一起揪心。

比特币作为世界上第一个加密货币，同时也是一套全新的全球支付系统。由于其完全去中心化的特性，比特币在进行双方交易的过程中是不需要第三方的存在。比特币总共有 2 140 万个，每创建一个新的比特币区块，就可以获得 12.5 个比特币奖励。

为什么会产生比特币？ 其中最重要的原因之一就是将回报机制引入区块链当中。另外，希望能够在缺乏信任的环境中去完成交易，这也是比特币产生主要原因之一。

隐藏在比特币背后的技术就是"区块链"，实际上区块链就是一种分布式的记账体系。在这种记账体系当中，给区块记账的人在区块链族谱里被定义为"矿工"。

比特币最近经历过三次分叉，第一次是在 2017 年的 8 月 1 号被硬分叉为Bitcoin Cash（比特币现金），这样一种新的数字货币目前也是排在整个加密数字货币排行的前五位。而在 2017 年 11 月 12 号比特币又一次出现了分叉，产生了Bitcoin Gold（比特币黄金），这次分叉只是改变了工作证明的算法，当算法改变的时候，就可能会产生一个新的比特币分叉。

最近的一次分叉是发生在 2018 年 3 月 2 号，在比特币区块 511346 和 Zclassic 区块272991 这两个交叉点的地方形成了一个新的分叉 Bitcoin Private，所以这也成为比特币不稳定最主要的原因。而目前 15 个加密货币中最具有代表性的五个加密货币分别是：比特币、有智能合约的以太坊，支持企业区块链解决方案的 RippleNet、点对点的数字现金 Bitcoin Cash 以及领域内非常出名的 Litecoin（莱特币）。

这些就是普通吃瓜群众比较感兴趣的比特币最基本的概念以及关于数字货币和以比特币为代表的加密数字货币的近况与背景，所以区块链族谱将这些进行买卖比特币，进而不断去接触区块链相关新生事物的人群归纳为"民工"。

二、矿工

随着技术的发展和社会的进步，这些加密数字货币等新生的事物在未来很可能会变得极为火热，因为中国政府也正在研究和准备发布一种与人民币相挂钩的加密数字货币的方案。

由于在加密货币的转移过程中需要确认一笔交易，而数字货币的交易并不是通过多方之间的信任关系来实现，实质上是通过强大的算力来实现，如此一来就诞生了一种以确认交易（挖矿）获得回报为生的群体，这里称之为"矿工"。

目前市面上出现了专门用于挖矿的工具——"矿机"，矿机作为矿工们的专业工具，也逐渐成为深圳华强北比较热销的产品之一。

另外，就挖矿本身而言，其机制是存在着一定的隐患，最突出的就是挖矿的耗电量极为巨大。就目前的用电量来看，如果挖矿按照现有的方式持续发展下去，世界上所有的电能将会在 2020 年的 2 月份将全部被用于挖矿。所以能源问题可能也是目前许多国家并不直接支持比特币发展的重要原因之一。

三、币工

接下来要介绍的区块链生态体系中的一个工种是"币工"。币工指的是专门发行数字货币的人。这一批人实际上就是软件的从业者，因为比特币最初就是由一个开源的软件衍生出来的。

币工的作用很广泛，如从目前几个较具代表性的数字货币来看，作为币工的一类人群，EOS 的从业者是研究分布式应用的基础设施，与目前以云计算的基础设施作为服务有些类似。将这样的服务拿出来对外开放，进而发布自己的数字货币，让所有的参与者或者说是软件的贡献者都可以从中获得其数字货币的回报；

币工的第二类人群，他们从事企业区块链开发平台研究，如 VeChain 公司的从业者，他们专门为企业提供公共区块链平台，同时也发行自己的数字货币。

币工是区块链中比较容易暴富的一类人群，他们通过企业或个人的形式进行ICO（类似于IPO，但流程与监管简单），例如金融科技类的公司提供区块链服务平台；汽车相关行业也正利用区块链技术来专门追踪汽车的真实历史、记录等信息，并将这些信息都记录在整个汽车历史的区块链当中。

四、监工

在区块链生态系统里，还有一个角色比较值得关注。他们的核心职责是定义与传播合规的区块链的应用领域与边界。让大众了解区块链、了解比特币的核心与本质。

但是随着数字资产的规范化，越来越多的国家开始意识到发行数字货币也是一种比较好的融资方式，同时也可以加强或推广自身的软件产品，颠覆软件产业的营运模式。

数字货币背后支撑的技术就是区块链，并且每一个国家对于区块链都寄予厚望，正向的监管与引导区块链的发展已经成为一些国家的发展战略。

可以看出区块链本身就是一个非常强大的技术，它可以说是所有下一代基于互联网交易平台的基础。也许未来区块链对每一个人都会产生巨大的影响，正确的监管体系与持续的创新探索一定会给坚持到最后的从业者更多的回报与收获。

五、技工

区块链具体如何实现？通过什么技术或系统来实现？这里就需要通过相关的技术人才，在区块链族谱中可以称之"技工"。因为这些人了解区块链的技术、开发区块链的系统。

从技术的层面来看，区块链本身是一个交易型的技术，其解决的问题就是打造了一种可以复制共享但无法篡改的记账体系。这种记账体系如果用在真实的业务场景当中，会减少许多基于信任体系的验证过程，可以使相应的业务流程变得更加简洁，而这中间环节的信任都是基于计算的方法与算力来建立的。

六、环工

区块链本身就是一个生态体系。就如同在社会环境中，生态体系的清洁卫生需要环卫工来不断维护一样，在区块链的生态体系当中同样需要这样的角色来帮助理清公有链、联盟链及私有链的分类，用技术或者解决方案来应对区块链应用中遇到的各种如身份、诚信、跨域、与服务连接等问题，从而达到维护好区块链作为未来交易的基础设施的目的，这种角色就是"环工"。

比特币、以太坊等数字货币，只要发币后都是属于公有链并不可篡改。但联盟链就并不属于公共开放的区块链，它一般出现在一个特定的行业或者一个特定的应用领域，例如银行业运用区块链所打造的财务记账系统就是属于联盟链的代表场景，往往在这些场景中都会存在一个"链主"来扮演着重要的推动作用的角色。

作为区块链生态系统里的"环工"，也需要自发或者协同地定义出未来区块链模式下的交易模式与传统互联网服务模式的共存、迁移、成熟度评估等相关的有效工作方式和一系列的共识。

七、匠工

在区块链族谱里将颠覆各个行业领域里解决方案的人称之为"匠工"。通常来讲，匠工指的是对某个领域或行业具有专业的知识，同时又了解区块链模式的人。

总的来说只要有多方参与、有业务流程的地方就可以被区块链取代。利用区块链对下面行业或领域进行颠覆的设计者、执行者、营运者等都是他们各自领域的区块链"匠工"。

在知识产权领域，也有非常大的可能会被区块链颠覆。因为每一首歌、每一幅画最终也可能通过实体经济的限量模式来销售。从这个角度来讲，区块链就可以做到将虚拟世界中的数字资产价值化，并成为智慧资产价值化的一个可靠的渠道，同时也促进供给侧的进一步创新与改革。

八、包工

该工种是为所有的行业或者领域提供区块链创新赋能的服务商，称之为"包工"，他们往往拥有强大的区块链平台构建能力，同时也具备应用场景链化（区块链化）的经验，所以他们的加入可以极大地促进各个行业链化的速度。

区块链的核心就是记账，以记账软件起家的公司，肯定会不断地进行研究创新，开发出针对区块链的记账体系，扮演"包工"的角色。

第 十 九 章

技 术 与 规 范

区块链技术是否是骗局？目前，大众通常认识到技术本身是中性的，但以这种技术为名的骗局，却可能让技术成为牺牲品。5月26日，以"区块链——价值互联新秩序"为主题的区块链高端对话在贵阳2018中国国际大数据产业博览会举行。作为数博会最高规格的对话活动，尤为引人瞩目。与会专家围绕区块链技术对人类社会带来的想象空间，以及区块链对全球经济金融格局、实体经济所带来的影响进行演讲和展开深度对话。2018年5月28日，习近平主席在中国两院院士大会上，明确提出推动区块链等技术与国家实体经济深度融合。

第一节　不要让技术成为牺牲品

在中国发展高层论坛2018年会上，蚂蚁金服CEO井贤栋表示，区块链大规模商业应用是个世界级难题，目前蚂蚁金服已经实现了多项技术突破。蚂蚁金服研究区块链的初心是解决有社会价值的实际问题，目前区块链专利数量全球第一，但没有一项与ICO有关。井贤栋警告称，应警惕各种假借区块链名义的骗局，让这个本该产生更大价值的技术成为牺牲品。他表示未来一年区块链很可能迎来泡沫的破灭，但这也正意味区块链真实价值开始浮现。

中国发展高层论坛由国务院发展研究中心主办，始于2000年。每年都云集世界政商学名流，是中国政府高层领导、全球商界领袖、国际组织和中外学者之间重要的对话平台。2018年的发展论坛主题是"新时代的中国"，将围绕迈向高质量发展、全球视角下的中国财税体制改革、供给侧结构性改革中的金融政策、推动形成全面开放新格局等一系列议题进行探讨。

一、区块链商用有挑战，蚂蚁金服已取得技术突破

从区块链技术诞生，在大规模商业应用上并不顺利。这个神秘的技术一直没有转化成实际生产力。井贤栋表示，蚂蚁金服已经在三大方向取得了突破：通过共识算法的创新，蚂蚁区块链已实现数万笔/秒的大规模交易处理能力；还通过数字加密等多个技术，实现了能全面保护区块链上的信息安全，既做到透明可信，又能保证个人隐私；同时，由于未来会存在不同的区块链，蚂蚁金服突破了区块链之间的价值转移和数据交换难题。

蚂蚁金服通过多年的研发和探索，在区块链技术及应用上有丰厚的储备。2018年2月，知识产权产业媒体IPRdaily发布的《2017全球区块链企业专利排行榜》上，阿里巴巴区块链专利申请高居全球企业第一，其全部来自蚂蚁金服。

井贤栋说，蚂蚁金服研发区块链的初心是致力于用区块链来解决有社会价值的实际问题，将让商业和金融因为可信变得更加透明、高效。所以，蚂蚁金服申请注册的区块链技术，没有一项是和虚拟的ICO有关。目前，蚂蚁金服已经在公益、商品溯源、城市租房管理平台等领域已经应用了区块链技术。

二、区块链商用的四大挑战：安全、信息保护、
交易性能和激励机制

井贤栋说，区块链的核心在于用技术创造多方信任机制，解决数据、物、资产和人的可信问题，促进跨机构、跨个体的高效协作。世界全部数字化以后，参与各方如何信任这些数据，是一个极大的挑战，而区块链是未来数字社会信任的基石。物理世界和数字世界有很大的区别，数字世界可以复制、更改，如何保证和物理世界一样真实有很大挑战。

井贤栋进一步解释说，区块链大规模商业应用面临四大挑战。这四大挑战分别是安全、信息保护、交易性能和激励机制。

在安全方面，算法安全、系统安全、协议安全等方面均存在被攻击的可能，而去中心化的商业模式下，却没有中心化的兜底方来承担责任；信息保护方面，敏感信息和商业机密的信息保护诉求（不让别人知道）与多方参与共识（让更多人知道）之间需要找到有效的技术解决方案；交易性能上也存在制约，区块链需要有多方共识机制，而多方共识的交易效率较低，特别是随着节点数目增加，效率下降将会更加明显；此外，还需要有效的激励机制设计，才能解决链上多方的利益协同和分配等问题。

三、警惕区块链骗局，避免技术成为牺牲品

区块链技术在最近一年受到广泛追捧，尤其是炒作 ICO 让很多人一夜暴富，让区块链也迅速走进了公众视野。

井贤栋表示，今天区块链仍未找到大规模商业应用场景，这正如上世纪 90 年代互联网泡沫时期，任何一家有 Web 网页的企业都自诩为"互联网公司"，但没有多少实际价值。近期出现的 ICO"空气币"、区块链宠物等热潮，反映出区块链仍然停留在"炒概念"阶段。我们应该警惕各种假借区块链名义的骗局，让这个本该产生更大价值的技术本身成为牺牲品。

井贤栋警告说，未来一年区块链很可能迎来泡沫的破灭、真实价值开始浮现的过程，同时也会在 2—3 年内迎来在商业领域的规模应用。

第二节　区块链落地

2018 中国上海区块链＋产业融合发展论坛暨国家技术转移东部中心区块链产业中心揭牌仪式在上海临港举行。其新闻稿如下：

展望未来，区块链技术的迅猛发展，将给很多行业带来变革和机遇，区块链技术的高信任和高扩展性，可以让区块链在更多产业中的应用成为可能。根据国务院关于印发"十三五"国家信息化规划的通知，十三五规划中提出强化战略性前沿技术超前布局，在规划中两次提及"区块链"关键词，强调加强新技术基础研发和前沿布局，构筑新赛场先发主导优势，结合"一带一路"政策，中国的区块链技术势必迈向全世界。

上海人才培训市场（Shanghai Talent Training Market & Development Center），2004 年 3 月经政府主管部门批准，由上海交通大学、上海开放大学、上海大学及原上海市人事局等机构共同组建，是人才培训与继续教育行业平台和非盈利社会公益组织。具有"国际合作、人才培训、人才评价、人才交流、考试认证"等职能。上海国际社区学院，为上海人才培训市场下属专注于各类社区培训的学院，其目的是打造基于社区的国际化分布式终身学习平台。

上海国际社区学院，准确把握人才市场的需求，同时，由于其本身分布式的教学管理特征，从2017年成立至今，在区块链专业人才教育培训上，取得了重大的突破。学院已经多次组织区块链沙龙，形成了上海紧缺人才区块链初级、中级、高级工程师，区块链与数字经济EMBA、DBA（与香港商学院合办）等多层次的区块链人才培养体系。其中，区块链与数字经济方向工商管理专业博士（DBA）学历教育为全球首个类似项目。区块链方向在职高级工商管理硕士（EMBA）学历教育为亚太首个类似项目。而上海紧缺人才，区块链初级、中级、高级工程师项目，则为全国首例。

上海国际社区学院、学院区块链研发中心落户临港，落户国家技术转移东部中心，看好的是临港的未来和国家技术转移中心的全球化优势。将把如下几方面作为今后工作的重点：

一、为区块链产业的发展，培养输送各个层次的专业人才。

二、探索区块链技术在行业领域的应用，重点关注区块链技术在汽车、艺术品投资、教育、知识产权保护、供应链管理等领域的具体应用。

三、探索区块链领域相关软件与硬件设备的检测，以及质量标准的建立。

四、加强区块链技术的全球合作，跟踪、掌握、制定技术领先的国际发展路径。

最后再介绍DBA/EMBA学历教育项目的几个亮点：

其一，区块链教学项目，可以用数字货币来支付学费，比如，DBA项目，就可以支付5.8个BTC，或68个ETH。同时，中国工商银行批准全额贷款。

其二，学生在得到普通的各类证书的同时，还将得到不可篡改的数字毕业证书。

第三，由于众多的区块链项目已经与学院建立合作关系，所有进入学习的同学，都将进入实际项目，在真实的项目中学习和提高。

站在未来，回望现在，我们期待，今天的工作，会为中国区块链技术的发展，留下浓墨重彩的一笔。

稍早，工信部电子工业标准化研究院区块链研究室主任李鸣对外表示，我国已着手建立区块链国家标准，拟从顶层设计推动区块链标准体系建设，预计最快将于 2019 年年底完成。

李鸣透露，区块链国家标准包括基础标准、业务和应用标准、过程和方法标准、可信和互操作标准、信息安全标准等方面。

目前，有关区块链国家标准计划已经公布，相关部门也将组建全国区块链和分布式记账技术标准化委员会。

实际上，中国的区块链标准化工作早在 2016 年就开始布局。公开资料显示，2016 年 10 月，工信部发布《中国区块链技术与应用发展白皮书》，成为国内首个区块链官方指导文件，并首次提出我国区块链标准化路线图。

中国电子技术标准化研究院组织国内区块链领域的优势企业，于 2016 年 10 月成立了中国区块链技术和产业发展论坛，论坛下设标准工作组，开展区块链和分布式记账技术领域的标准化工作，先后研制并发布了《区块链参考架构》和《区块链数据格式规范》两项团体标准，并在团体标准研制成果的基础上开始推动行业标准、国家标准的立项工作。

2017 年 12 月，中国电子技术标准化研究院牵头研制的国内首个区块链领域的国家标准——《信息技术区块链和分布式账本技术参考架构》正式立项，也标志着我国进一步加快了区块链标准化的步伐。

李鸣指出，区块链标准的制定不意味着会快速推进行业发展，而是给行业一定指引。此前，中国在国际知识产权和标准等方面吃过很多亏，在区块链方面，中国目前已经形成了国际化区块链方面的 200 多项专利，甚至已站在世界技术前列。因此，我们也需要牢牢把握住自己的话语权。

即将建立的"国标"中重要的一项即是信息安全标准，也可以看出安全对于区块链技术的重要性。

国家信息技术安全研究中心主任俞克群指出，区块链应用安全问题存诸多挑战，安全是区块链未来的生命。区块链还处在初级阶段，存在密码算法安全性等诸多挑战，风险不仅来自外部实体，也有可能来自内部参与者的攻击。如何围绕物理、数据、应用系统、加密、风险控制等构建安全体系，是目前面临的重要问题。

白帽汇安全研究院发布的《区块链产业安全分析报告》显示，2011 年到 2018 年 4 月，全球范围内因区块链安全事件造成的损失多达 28.64 亿美元。值得注意的是，损失额度从 2017 年开始呈现出指数上升的趋势，仅 2018 年以来，损失金额就高达 19 亿美元。

每年由区块链安全漏洞造成的损失高达数十亿美元，攻击者主要选择保护相对薄弱的合约层和业务层进行攻击，该技术层本身也是目前攻击者最佳变现的场景。

报告显示，目前攻击者主要采用拒绝服务攻击、木马劫持攻击、支付漏洞等手段对业务层进行破坏。区块链作为底层技术基础，支撑着整个系统。"如果底层出现安全问题，必将导致依托于此的上层均受到影响。因此，在系统设计之初就应加入安全性设计。"邓焕介绍。

中国信息安全测评中心主任助理李斌表示，以安全为核心的区块链技术的安全问题不断引人瞩目，"一行代码打倒一种代币""一个漏洞摧毁一类智能合约"，区块链技术的安全风险需要全社会的力量共同面对。

"建立良好的区块链安全生态需要平衡好科技发展和网络安全的关系。"俞克群强调，自主可控的区块链网络，意在技术上不能受制于人，同时也可以促进区块链健康发展。安全是区块链未来的生命，只有本身的安全才能使得区块链技术的落地。这就要求我们在区块链技术发展的同时，其安全属性必须同时并重发展，甚至是超前发展。

第 二 十 章

自 由 与 演 化

区块链在带给我们去中心化的自由的时候，必然在安全与效率之间要寻求平衡，而新技术的发展，又推动这种演化不断地向高层次发展，关于区块链的进化问题，我们选择了一篇较为流行的文章，和大家一起来分享他们的观点。

第一节　区块链进化论

区块链进化论：从初始到成熟有多远①

不可否认，区块链的探索非常有意义、有价值，但是对于商业机

---

① 《区块链进化论：从初始到成熟有多远》，来源：第一财经日报，作者：王莹，发布时间：2016 年 6 月 1 日。

构仍应慎重考虑，因为区块链的发展是一个长期的过程

这是一个科技驱动金融发展的时代，科技的驱动因素已经从最早的互联网信息发展到近年的大数据、云计算、移动互联网。但是，技术的创新是永无止境的，区块链作为科技驱动力量已经呈现蓬勃的发展趋势。

5月30—31日，第一财经技术与创新大会就金融科技最新、最前沿领域区块链技术的发展现状和未来进行了全方位的探讨。作为以去中心化理念、分布式共享记账技术为核心的区块链，未来将嵌入金融领域的诸多环节，例如增信、确权、股权登记、金融贸易、数字资产等。《第一财经日报》记者从论坛上获悉，蚂蚁金服目前已利用区块链技术推进公益项目。

但不可否认的是，区块链目前尚处于发展的初级阶段，无论是大型的金融机构还是小而美的创业公司，对区块链仍然走在探索的道路上。

蓝海市场

"我们现在正在用区块链推进公益的项目。"蚂蚁金服副总裁、首席数据科学家、国家千人计划特聘专家漆远在论坛上明确表示，蚂蚁金服已经在区块链领域有所开拓和进展。"未来将用区块链技术把每一笔公益捐款从哪里来到哪里去的整个流程记清楚。这是区块链技术往前走的第一步。"漆远表示，未来如果有政府层面的支持力量将会更易实现。

作为一种分布式共享记账的技术，金融科技领域最新、最前沿的技术区块链在更大意义上是让参与各方之间能够在技术层面建立信任关系。目前这一技术无论是在金融领域的股权登记、确权、清结算，还是在物流领域、产品验真的溯源领域均拥有大量的想象空间。

已经实现技术落地的不仅仅有像蚂蚁金服这样的互联网巨头，也

有在区块链领域大量小而美的公司。布比创始人兼CEO蒋海在论坛上指出，目前布比更多技术集中于商用级的区块链技术支持服务，具体包含三个领域，第一，数字资产领域，除常见的积分、入住卡外还包含其他数据化的资产；第二是贸易金融领域；第三则是股权领域，提高股权交易便捷性。

清华大学i-Center导师、量子物理博士韩锋表示，区块链未来在资产确权方面将带来全新的革命。"第一代互联网信息解决了信息的自由传递，但是没有解决去中心化以及资产所有权的问题。"韩锋表示，这个问题不能被小觑，在资本市场层面，如果任何一个技术能够把原来不确定产权的事物明确产权了，那么对整个市场将是一个巨大的变革。

以中国目前的房产确权为例，即便在当下，相比国外，中国的房产确权仅仅迈出了一小步获得了70年的使用权。正是由于拥有了这一项资本市场的明确产权，人们进而拥有更多能够承担资本市场风险的能力。

此外，区块链也将引领增信领域的巨大变革。据悉，目前中国拥有网民数量约为7亿。"如果每一个网民通过区块链技术即便增加几万块的增信额度，那么从全国范围来看增加的额度将是几万亿，而且在区块链层面证明你所有的信用都是在全球通用的。"韩锋说。

"未来中国金融领域的核心公司平台将会把数据优势跟互联网渠道优势结合在一起。"陆金所联席董事长兼CEO计葵生在论坛上指出，未来在互联网金融将会发生三件事情：第一，资产端和负债端良好的匹配模式;第二，以跟投和建议、告知式为两种主要模式的智能投资;第三，区块链。

"区块链模式作为一个基础，而非业务模式将解决大量的征信问题，未来3—5年时间最大的区块链市场应该在国内。"计葵生说。

探索阶段

虽然区块链在未来可预期的金融发展中展现了巨大的成长空间和

更为美妙的发展前景，但不可否认的是，这一技术无论是从技术成熟度还是商业落地模式都尚处于初期阶段，概念验证、市场教育是当前该行业投入更多精力在做的事情。

"区块链目前更多仍然在探索阶段。"证通股份有限公司董事长万建华表示，如果区块链的核心理念是去中心化，并且这样的理念构建了一个全新的商业思维和金融事件，那么其中的基础则是解决如何定价的问题。前景并不能通过理念来阐述，在万建华看来，如果在商业领域使用乌托邦的想法那所谓的全球性均可实现。

不可否认，区块链的探索非常有意义、有价值，但是对于商业机构仍应慎重考虑，因为区块链的发展是一个长期的过程。"区块链领域的推进和探索期待政府层面的支持，但是在理念上又想要无中心，这本身可能是一个矛盾。"万建华称，信息技术对金融领域影响仍然可期。

任何一种技术的发展都不是一蹴而就的，均存在一个过程，在这个链条中，区块链毫无异议地处于初级阶段，而这种阶段表现在技术的不成熟、尚无法高效解决金融领域的诸多弊端问题等等。

韩锋对《第一财经日报》记者表示，区块链处于早期阶段，最重要的表现是不成熟。"已经运行了8年的比特币目前在支付处理方面，每秒钟只能处理7笔交易，对比Visa动辄每秒上千笔，以及在双十一期间极峰达到十万的支付宝，仍然有巨大的差距。"韩锋表示，区块链技术还处于原始阶段，但是不能因此而抹杀该技术。

从实际落地层面来看，区块链技术也存在一定尚待填补的"黑洞"。"区块链技术本身能够解决数据所有权、定价以及分享机制，但是还不能完全解决这个问题。"漆远举例称，假设保险公司到蚂蚁金服谈意向合作，那么涉及用户的隐私则是一个亟待"确诊"的问题。

漆远表示，带有用户隐私的数据如何跟合作方对接，数据权如何明确，此外还包含如何定价、如何分割等市场机制问题，"区块链是非常好的核心技术，但是尚不能覆盖所有的问题。"

第二节　区块链场景

结合工信部《2018 中国区块链产业白皮书》，以及区块链在金融领域和实体经济领域的应用情况。我们整理了相应的优质项目和应用场景。其中，金融类应用 19 个，实体经济类应用 20 个。

一、金融领域应用

（一）供应链金融

1. 腾讯区块链 + 供应链金融解决方案

　　开发者：腾讯区块链

　　用途：连接核心企业资产端及金融机构资金端，以源自核心企业的应收账款为底层资产，实现债权凭证的转让拆分。

2. 易见区块

　　开发者：易见供链管理公司

　　用途：真实刻画贸易双方的交易背景，为金融机构提供贷前预审及贷后管理辅助功能。

规模：已有 150 户企业用户，在线投放金额 21 亿元，涉及医药、化工、制造、大宗、物流、航空等多个领域。

3. 壹账链

开发者：中国平安金融壹账通

用途：在区块链中记录应收账款确权、流转、融资、到期支付的全流程信息。利用区块链技术去鉴别供应链中的资产，实现资产信息链内公示并可追溯，不可篡改、不可删除。

规模：覆盖交易额超 12 万亿，注册金融机构 800 余家，壹企银融资平台接入中小企业节点数近 17 000 个。

4. 浙商银行"应收款链平台"

开发者：趣链科技

用途：利用区块链技术将企业应收账款转化为在线支付和融资工具，帮助企业去杠杆、降成本。专门用于办理企业应收账款的签发、承兑、保兑、支付、转让、质押和兑付等业务。

规模：截至 2018 年 5 月，已有 600 多家企业入驻该平台。

（二）贸易金融

5. 民生银行国内信用证信息传输系统（BCLC）

开发者：云象区块链

用途：BCLC 将银行连接成一个网络，使得开证、通知、交单、承兑、付款的过程更加透明可追踪，各个节点都能看到整个信用证业务的办理流程和主要信息，比传统信用证业务更透明和高效，避免错误和欺诈的发生。

应用情况：中信银行已与民生银行合作推出首个银行业国内信用证区块链应用。

6. 苏宁银行区块链国内信用证信息传输系统

开发者：苏宁金融 + 苏宁银行

用途：实现了严格合规、无需第三方、实时开证、全程加密的国内信用证线上开证、通知、交单、到单、承兑、付款、闭卷等功能。

7. 兴业银行投标保函

开发者：趣链科技

用途：对传统投标保函在业务渠道、交互方式和底层技术上进行了创新，实现了投标保函业务的全流程在线操作和办理。

8. 建设银行区块链福费廷业务

用途：利用区块链技术结合业务应用系统实现卖出行发布福费廷公告信息，信息内容包含信用证基础要素信息及卖出行联系方式等信息。每笔福费廷交易均可在联盟链上跟踪和追溯往来报文信息及区块信息。

9. "基于区块链技术的数字票据交易平台"

开发者：中钞区块链技术研究院联合工商银行、中国银行、浦发银行、杭州银行

用途：该平台采用联盟链技术，央行、数字票据交易所、商业银行以及其他参与机构以联盟链节点的形式经许可后接入数字票据网络。不同的节点在接入时可以根据角色不同和业务需求授予不同的链上操作权限，包括投票权限、记账权限和只读权限等。

（三）征信

10. 深交所"中介机构征信链"

用途：利用区块链技术的无中心化、不可篡改等特点实现股权市场之间的中介机构信息共享。

11. 六合数字科技利用区块链技术传递信用

开发者：六合数字科技

用途：与银行等金融机构形成联盟共识，通过区块链的分布式验证，共建信识别和认定机制，帮助中小企业解决采购与融资难题。

12. 苏宁金融行业区块链黑名单共享平台

用途：将金融机构的黑名单数据加密存储在区块链上，金融机构可通过独立部署节点接入联盟链，开展区块链黑名单数据上传和查询等业务。

（四）交易清算

13. 微众银行机构间对账平台

开发者：微众银行

用途：利用区块链技术将资金信息和交易信息等旁路上链，建立起公开透明的信任机制，优化了微众银行与合作行的对账流程

应用情况：自 2016 年 8 月底上线以来，上海华瑞银行、长沙银行、洛阳银行等相继加入使用，截至目前平台稳定运行，始终保持零故障，记录的真实交易笔数已达千万量级。

（五）积分共享

14. 众安科技极线平台

开发者：众安科技

用途：为有用户经营的商家提供了一整套积分发行和积分消耗的工具，帮助商家快速且低成本的搭建属于商家自己积分商城，让小微企业用积分经营用户变得简单、方便、成本低。

应用情况：目前极线平台已经和南方航空，积分豆，火堆公益等机构开展了区块链积分的合作。

15. 中国银联跨行银行卡积分通兑平台

开发者：IBM Blockchain

用途：银联借助 IBM Blockchain 的分布式账本技术改变传统平台"管理信用"的方式，减少或去掉原来依赖第三方实现的信任过程以及成本，实现交易即结算。

（六）保险

16. 蓝石科技"非标人群风险精算和风险管理平台"

开发者：蓝石科技

用途：将保险产品信息及投保过程、流通过程、营销过程、理赔过程的信息

进行整合并写入区块链，实现了全流程追溯、数据在交易各方之间公开透明，以及保险公司、保险机构、监管部门、消费者之间的信任共享，最终形成一个完整且流畅的信息流，取得了良好的社会效益和经济效益。

17. 信美人寿爱心救助账户

用途：运用区块链技术记账，实现相互保险。引入区块链技术后，每笔资金的去处和用途都有迹可查，以确保爱心救助账户的透明性。

（七）证券

18. 基于区块链技术的 ABS 发行平台

开发者：趣链科技联合德邦证券、复星恒利证券

用途：利用区块链技术的可追溯、去中心化、安全信任等特点，实现资产包在不同机构平台间的流通和共同监管，实现资产来源的可视化，从而增强资产可信度，实现资产交易、还款记录可追溯，实现各机构平台交易数据统一，提高清算效率。

19. 兴业银行区块链防伪平台

开发者：云象区块链

用途：利用区块链分布式高可用、公开透明、无法作弊、不可篡改、信息安全等技术特性，研发的一个高级别的通用存证、防伪平台，具有适用面广、接入简单、防伪防篡改能力强等优点。

二、实体经济领域应用

（一）商品溯源

20. 中国食品链联盟

用途：基于区块链技术，从产品种植、生产、加工、包装、运输和销售等全流程进行追溯，并对企业和用户进行实名认证，一旦发现诈骗或者假冒商品，执法部门可以直接定位、取证、追责。

应用："链橙"系统

21. "京东区块链防伪追溯平台"

用途：通过联盟链的方式，实现线上线下零售的商品追溯与防伪，保护品牌和消费者的权益。

22. 防伪智能锁酒瓶盖

开发者：北京溯安链科技有限公司

用途：为高端白酒制作的基于区块链技术的防伪智能锁酒瓶盖，消费者通过扫描瓶盖上的二维码，从后台交互获取密码后才能打开酒瓶，同时后台对这瓶酒的打开进行记录，解决了回收酒瓶造假的痛点。与传统扫描二维码相比，基于区块链上的密码获取难度很高，且更难以造假。

23. 猪肉供应链追溯

开发者：清华大学、沃尔玛、IBM 区块链合作项目

用途：提高了供应链的透明度，食品安全相关文件电子化后可被分享，猪肉产品可以追溯到试点农场，生产日期、批次等信息一目了然。

24. 菜鸟物流与天猫国际区块链溯源

开发者：阿里巴巴集团

用途：利用区块链技术跟踪、上传、查证跨境进口商品的物流全链路信息，涵盖工厂生产、海外仓库、国际运输、通关、报检、第三方检验等商品进口全流程。

（二）版权保护与交易

25. 安妮股份版权区块链系统

用途：高效处理各种数字作品品类（文字、图片、视频等）的版权业务，具备更加高效的业务数据吞吐能力，可达到实时业务处理的水平，使海量的互联网创作及时、低成本确权、快速交易流通成为可能。

26. 小犀版权链

开发者：重庆小犀智能科技有限公司

用途：组建小犀版权联盟，对接版权中心、公证处和版权协会等组织构建版权链平台，基于区块链技术，给个人和企业提供版权端到端服务，推动企业提高

工作和业务效率。

（三）电子证据存证

27. IP360 数据权益保护平台

　　开发者：真相科技

　　用途：对各类形态电子数据提供确权、云监测、区块链追踪溯源、云取证、司法通道、维权等服务。

28. 仲裁链

　　开发者：微众银行、广州仲裁委、杭州亦笔科技

　　用途：将实时保全的数据通过智能合约形成证据链，满足证据真实性、合法性、关联性的要求，实现证据及审判的标准化，从而将传统数个月的仲裁流程缩短到 7 天左右，司法成本也降低至传统模式的 10％。

（四）精准营销

29. 数据营销链

　　开发者：利欧数字、小米

　　用途：通过建立流量买方、卖方、中间方和审计方的联盟链，解决传统数字营销行业的信任问题。

工业

30. "云＋链"

　　开发者：工业区块链实验室、远嘉程、意利科技、转型工场

　　用途：将区块链技术应用于制造企业的数字化转型升级当中，将新零售和新制造打通，设计者、生产者、消费者、销售者、服务者等角色能够以平等的身份接入，从流量端到制造端的信息能够被打通，同时可以通过区块链技术保证多方协作的数据互信。

（五）能源

31. 微电网内清洁能源去中心化系统

开发者：上海链昱科技能源有限公司

用途：基于区块链技术，实现微电网内清洁能源计量、登记、管理、交易与结算。

应用情况：已在菲律宾成功落地试点项目，并着力开发东南亚市场。

32. 绿色 ABS 云平台

开发者：能链科技

用途：基于联盟链登记电站发电机组、发电瓦数等基本情况，使电力资产生产过程清晰可见，回报收益可预测。

（六）医疗

33. 慢病管理场景区块链技术

（七）物联网

34. 分布式智能配电信息安全系统（DIPS)

（八）公益

35. 众扶会平台
36. 公益寻人链

（九）政务

37. 株洲市政府区块链敏感数据审计平台
38. 广州市南沙区政府政务链
39. 监管科技（"REG-TECH"）

第 二 十 一 章

博弈与合作

其实，就像每个人都是不完美的一样，技术，本身以及技术的应用，一定存在着不完美，那么，就让我们在博弈与合作中，来推动它，谨慎前行吧。

第一节　数据保护

就在 2018 年，我们见证了数据隐私领域两股强大新力量的融合（也许他们之间还是有冲突的）：欧盟通用数据保护条例（GDPR）和基于区块链的隐私解决方案的出现。随着区块链技术公司继续开发新的解决方案，以下是这些公司应该记住的关于 GDPR 的关键要点。

一、个人数据

GDPR 适用于"个人数据",它被定义为"与已识别或可识别的自然人('数据主体')有关的任何资料"。"数据主体"是指"自然人……可以通过参考识别……特定于该自然人的……文化或社会身份的标识。"此外,个人数据明确包括了"在线标识符",其包括 IP 地址。

要点 1:基本上几乎任何能帮助了解某人的数据都可能被视为个人数据。

在 GDPR 的要求下,个人数据甚至包括经过"假名化"处理的数据,这意味着该数据已经被处理,以至于"如果不使用其他信息,它就不能再归属于特定的数据主体"。加密技术被认为是一种非常有效的假名化手段,而区块链上与链外个人数据相关联的"公钥"也可能被视为"假名化"。尽管 GDPR 更喜欢对数据进行加密以实现假名化,但单独使用加密并不会从个人数据的定义中删除底层数据,因此也无法避免 GDPR 的要求。

要点 2:如果存储在链下的个人数据可以很容易地与区块链解决方案中使用的公钥连接,那么公钥很可能被视为已达到假名化状态的数据,但仍被视为 GDPR 的个人数据主体。

在个人数据被假名化并且将数据归类为自然人所需的附加信息是"不可用"的情况下,GDPR 表明数据可被认为是"匿名信息"或"匿名的"。由于 GDPR 仅规定了个人数据,任何被认为是匿名的东西都免除在 GDPR 之外,它是"不涉及处理这种类型的匿名信息……"

这一规定提出了使区块链解决方案符合 GDPR 的一条路径:如果区块链架构的设计使得公钥符合匿名信息的定义——确保任何非链式个人数据安全加密,并且解密不可用于允许与公钥重新关联——公钥处理可以就免除 GDPR 的要求,包括删除权。

要点 3:对于任何使用区块链技术和处理个人数据的公司来说,保留在 GDPR

下被视为匿名的公钥能力无疑是最关键的问题。

二、控制者（Controller）与处理者（Processor）

受 GDPR 影响的实体有不同的义务，这取决于它们是个人数据的"控制者"还是"处理者"。一般来说，控制者"决定处理个人数据的目的和手段"，而处理者则"代表控制者处理个人数据"。

实体作为控制者还是处理者的决定是特定于活动的，而不是特定于实体的。这意味着在不同的情况下，同一实体可以被视为控制者、处理者或控制者和处理者。作为决定处理方法和目的的实体，控制者在 GDPR 下的义务要比处理者多得多。最重要的是，控制者有责任执行个人要求删除、修改或转移其个人资料的请求。

要点：使用区块链技术的公司应该设计他们自己的系统，这样他们就可以避免确定数据是如何处理和为什么处理的，从而避免起被认为是数据控制者。

三、数据主体的权利和数据处理的合法依据

GDPR 赋予数据主体与数据控制者相关的各种权利。其中最主要的是数据可移植性的权利（即你带走数据的权利），纠正（即有权修改不正确的资料的权力）和删除的权利。一般来说，这些权利可以在数据主体的要求下行使，尽管在某些情况下某些权利也有例外，例如根据法律义务处理或保留数据时。

根据数据处理的合法依据，数据控制者促进数据主体权利的义务是不同的。根据处理目的，处理欧盟个人资料必须得到六个法律基础之一所提供的支持。这些基础是：

1. 同意：数据同意，但须符合一个或多个特定目的。
2. 合约：履行合约所必需的。

3. 法律义务：数据控制者所服从的法律义务的遵守所必需的。

4. 公共利益：对履行公共利益的任务所必需的。

5. 切身利益：对数据主体的切身利益的保护是必要的。

6. 合法的利益：除非被资料当事人的基本权利和自由所覆盖，否则为管理人或第三方的合法权益所必需。

由于同意可随时撤回，这就要求删除在该基础上所收集的任何个人资料，因此，处理个人资料并不是一个明智或可靠的依据，因为这些数据将被输入到区块链中。同样，虽然可以根据履行合约来收集和处理个人资料，但如果该合约终止或到期的话，那么久必须删除处理这些资料的合法依据。另一方面，为遵守法律义务而收集的数据可能不受删除权的约束。

要点：理解处理数据的可适用的合法基础或基础——特别是在此基础上对数据主体权利的任何可适用限制或例外——并相应地设计您的系统，对于构建与GDPR兼容的区块链解决方案至关重要。

四、避免碰撞

最终，这两股力量是否会发生冲突还有待确定。避免冲突将需要欧盟监管机构做出一些有利的解释，以确保GDPR不会剥夺欧盟和欧盟数据主体享受区块链技术带来的好处。

欧盟官员的一项决定是，在适当设计的区块链解决方案中使用的公钥本身并不构成个人数据，这将有助于协调区块链技术与GDPR之间的关系。

即使做出了这样的决定，区块链解决方案的用户也应该监控技术发展（尤其是数据存储或加密）是否会影响或改变这种决定。在这个关键时刻，区块链公司必须理解GDPR的框架，并采取积极的立场、开发技术和法律立场，并仔细考虑GDPR的需求。

随着这两股强大的力量继续出现并发挥作用，欧盟监管机构和区块链技术专家都应该牢记，基于GDPR和区块链的解决方案有许多基本目标，比如个人有权控制自己的数据以及数据共享的最小化。为了演示区块链和 GDPR 的兼容性，这些原则应该在区块链解决方案架构中最大限度地发挥作用。

最后的要点：通过正确的技术架构和法律分析，企业可以利用区块链的优点，同时确保存储在区块链上的数据符合 GDPR 要求。

第二节　博弈之美

2018 年，是全球主动拥抱区块链的一年。纽约宣布致力于打造全球区块链产业中心，预示着纽约的整个金融业正在拥抱区块链技术，这也是他们从硅谷和其盟友们在过去几十年里总结出产业界的真理：拥抱是防止自身被颠覆的唯一出路。

美国西弗吉尼亚州选举投票完成了美国历史上首例由政府支持的区块链投票。据该州州务卿办公室介绍，由 Voatz 开发的基于区块链的移动投票平台仅适用于选定的一组选民，包括"军警和海外公民缺席投票法"（UOCAVA）中规定的军人以及有资格参加缺席投票的其他公民及其配偶与家属。接下来，州务卿 Mac Warner 将在投票审计结束后是否将在即将于 11 月举行的大选中在全州实施该计划。

荷兰推出国家区块链研究计划。英国电信集团、西班牙电话公司和澳洲电讯参与区块链试验。

在区块链技术上，中国政府与企业则表现出浓厚兴趣并支持发展区块链技术。广东省佛山市禅城区在 6 月 22 日推出"智信城市"计划，是全国首个探索区块链政务应用的县区；中国众安科技公司宣布将推出基于 blockchain（区块链技术）生产系统，将区块链技术应用到整个食品供应链。

日本作为比特币与区块链技术的"发源国"，日本政府对比特币等数字货币发展十分重视。目前，日本已经将比特币合法化。日本监管机构与交易所也出台政策大力发展数字货币。据悉，日本金融监管人员在考虑将比特币等虚拟货币视为与现金等价的货币，此举将强化消费者保护机制，铺设一条虚拟经济增长的发展道路。在日本，比特币现在仍被视为物品，无法受到与其他同类产品相同的待遇，然而照此发展速度，日本未来或视比特币为现金的构想并不会只是空谈。

英国 FCA 近日表示，呼吁消费者谨慎投资比特币和加密数字货币交易。FCA 负责人表示："加密数字货币目前是不受管理的金融工具，FCA 有必要提醒消费者其潜在的风险，目前我们还没有与该资产相关的具体保护措施。当然，我们并不是在全盘否定加密数字货币，但我们必须谨慎行事。"

俄罗斯政府与相关部门一向不看好比特币等数字货币，然而对区块链技术却充满热情。目前，俄罗斯对数字货币交易监管态度有所缓和。俄罗斯中央银行称将组建工作小组，旨在分析金融市场中的先进技术和创新技术，几大首要研究对象包括区块链技术、移动技术、支付技术等领域。

韩国拒绝承认比特币的合法地位，认为比特币不是真正的投资，不会对比特币征收资本所得税，因为这将会增加虚拟货币的合法性。对于区块链技术，韩国政府则表态接纳并引进区块链技术。韩国证券期货交易所（KRX）运用区块链技术，已经启动建立场外交易平台的初期计划。

德国在 2013 年 8 月承认比特币的合法地位，已经将其纳入国家监管体系。德国也成为世界上首个承认比特币合法地位的国家。德国政府表示，比特币可以当做私人货币和货币单位，比特币个人使用一年内免税，但是进行商业用途要征税。德国金融监管局 Bafin，发布报告指出，用来交换真实经济品或服务在物物交换俱乐部（barter-club）、私人集市或其他支付系统流通的价值代币，譬如比特币。

在德国，电子货币的法律概念只适用于那些最终源于真实货币的金融工具，因此比特币实际上被定义为一种商品。这类似于最近一些政府决定把比特币捐赠当作实物捐赠（如捐赠食品和物资）的做法。目前德国的比特币政策相对明朗，德国本土的比特币交易平台 bitcoin. de 也已经与 Fidor 银行展开合作。

加拿大政府也很早承认了比特币的"货币地位"，世界首个比特币 ATM 机就是在温哥华投入使用，这台机器部署在一个咖啡厅里。目前，这台机器的交易额已经取得很好的成绩。很多美国本土的比特币创业者，由于国内不同州的法律监管问题，选择搬迁到加拿大创业。

在法国，比特币等数字货币交易并不违法，但法国金融市场管理局（AMF）还是提醒公众需小心对待数字货币交易。虚拟数字货币风险很大，也是不法分子进行诈骗、洗钱的利器。对于数字货币价格的波动，法国 AMF 警告用户谨慎投资比特币。

泰国外汇管理和政策部表示，由于缺乏适用的法律和资本管制措施，加之比特币等数字货币跨越多种金融业务，因此下述比特币活动在泰国都被视为非法：买卖比特币、用比特币买卖任何商品或服务、与泰国境外的任何人存在比特币的往来。泰国比特币创业公司 Bitcoin. Co 也由于泰国央行封杀比特币，成为世界少有的停止数字货币相关所有业务的公司。

印度政府部门此前表示，会持续关注数字货币的发展，目前不会进入监管，印度相关机构称，虚拟货币给监管、法律以及运营风险带来了挑战。

以色列目前尚未承认比特币为官方货币，但是政府正在考虑对比特币的盈利征税，认为比特币的赚钱者需要缴税。以色列的比特币社区也相对活跃。

荷兰发布声明，警告比特币具有风险，质疑比特币存储无法保障，不是由政府和央行发行。

澳大利亚证券及投资委员会（ASIC）近日表示，区块链技术具有从根本上改变市场和金融系统的潜力，对于 ASIC 的监管方式有着深远的指导意义。澳大利亚证券交易所（ASX）早已与多家加密货币公司建立合作关系，将利用区块链技术为澳大利亚证券市场研发解决方案。

迪拜为推进创新发展，在全球范围内采用新技术，迪拜未来博物馆基金会近日宣布建立全球区块链委员会。迪拜未来博物馆基金会首席执行官 Al Aleeli 表示，2015 年通过区块链平台实现的交易增长了 56%，这一显著增长意味着在相关领域优化运用这项技术的巨大机遇。在今后四年内，区块链全球投资额可达 3 000 亿美元。全球区块链委员会将继续探索运用区块链技术的最佳方式，同时研究其优缺点，推进区块链和数字货币的发展。

欧洲议会日前新起草的一项虚拟货币报告强调，虚拟货币与区块链技术可大幅降低交易中支付、资金转移等成本，对消费者福利和经济发展作出重要贡献，同时提高支付系统的速度和弹性，可跟踪记录交易，以防不法行为。此外，欧洲中央银行对新技术持开放态度，表示欧洲央行计划对区块链和分类账簿技术与支付、证券托管以及抵押等银行业务的相关性进行评估。

比特币与区块链技术正在高速发展。各大银行与科技公司早已在多个项目中涉猎比特币和区块链技术；各国政府在确保不对洗钱等非法活动作出让步的前提下，对这一已经深入金融系统（甚至延伸至金融行业之外）的重大变革已经转为更加开放的态度。

综上我们可以看出，世界各国对数字货币的态度大致分为三种，以日本、德国、加拿大、瑞士等国家对比特币等数字货币不仅完全支持，还推行各种政策推动该行业发展；以中国、美国、英国、俄罗斯为首的国家则持较为谨慎的态度；泰国、韩国对数字货币则呈抵制态度。在区块链技术方面，世界大部分国家都表示接受并支持区块链技术发展。作为一种新兴技术，区块链带来的作用和影响是所有国家都不能忽略的。

第 二 十 二 章

巨头入局

区块链的实质是去中心化（弱中心化）的数据库，这个数据库具有可追溯、不可篡改等特点，但鲜有人知区块链是如何实现盈利，甚至连不少项目负责人本人，都无法对自身的项目价值进行精准的评估。

第一节　交易所变局

一、全球主要数字交易平台

2018 年全球主要加密货币交易所，有各种不同的排名，特别是 OKEX、火币网和币安的恩怨情仇，已经成了很多数字货币和区块链爱好者的笑谈。大家经常提及的主要有如下几个：

1. OKEX

OKEX 是全球领先的比特币/数字货币交易平台，使用银行级别的 SSL 加密和冷存储技术，实时交易数据传输，OKEX 提供安全、稳定、可信的数字货币比特币合约，莱特币合约以及币兑币现货等数字货币交易服务。

2017 年 12 月 15 日，数字资产服务商 OKEX 对外宣布，已于近期完成新一轮融资，投资方为巨人集团、千合资本、隆岭资本以及策源创投等，融资金额为数千万美元。融资完成后，OKEX 将完成平台技术架构的升级。

公司董事长及创始人为徐明星，2018 年 5 月 14 日，李书沸正式辞去 OKEX CEO 职务。

2. 火币网

火币网是国内安全可信赖的比特币交易平台，获得真格基金、戴志康、红杉资本（苹果、阿里巴巴等众多全球知名公司股东）等 A 轮千万人民币资本投资，火币执行严格的风控管理，稳定运行 3 年。截止 2016 年末，火币累计成交额达 20 000 亿人民币。

2017 年 9 月 15 日，火币网发布公告称，即日起暂停注册、人民币充值业务，并将于 9 月 30 日前通知所有用户即将停止交易。同时，将于 10 月 31 日前，依次逐步停止所有数字资产兑人民币的交易业务。

2018 年 6 月，火币官方宣布撤出日本。宣布在 7 月 2 日撤下日本的网页。

3. BINANCE

Binance 币安交易平台是一个相对较新的交易所，于 2017 年开始运作，由赵长鹏领导的一群数字资产爱好者创建而成的一个专注区块链资产的交易平台。现已经进入全球前 10 大加密货币交易所之列。他们有平台的本地货币"BNC 币"，Binance Coin。其发行总量恒定为 2 亿个，且保证永不增发。BNC 币是基于以太坊 Ethereum 发行的去中心化的区块链数字资产，它是基于以太坊区块链的 ERC 20 标准代币。

Binance 的优势就是较低的手续费，标准交易费为 0.1%，远远低于其他同行。

交易过程高达每秒 140 万个订单，该平台支持最流行的加密货币，并可以为每个加密货币创建一个钱包，目前支持 250＋交易对，支持多国语言。

4. BITTREX

Bittrex 是一家总部位于美国的加密货币交易所，成立于 2015 年，支持 250 个交易对，但实际货币的提款仅适用于比特币。

Bitterex 团队成员来自微软、亚马逊、Qualys 和黑莓等各大公司，在交易方面拥有超过 50 年以上的专业安全和开发经验。

Bittrex 交易所的 BTC 交易量位居世界交易所前列。每天的成交量达数百亿 RMB，有不少中国玩家在 B 网。

Bittrex 向用户收取的平台的小额服务费为 0.25%。此外，用户可以查看像蜡烛图和十字线这样的高级交易工具。

Bittrex 支持两种类型的账户：

基本账户-取款资金达 3BTC/天。
高级账户-取款资金达 100BTC/天。

Bittrex 是一个"仅限加密"交易所，这意味着它不允许你存入法定货币，如美元、欧元、英镑等。

5. POLONIEX

Poloniex 由 Tristan D'Agosta 创立，自 2014 年 1 月起投入运营，是美国的数字货币交易所，也是全球最大的加密货币交易所之一。

2017 年，Poloniex 拥有 ETH 的最高销量，它支持独立以太坊市场以及 BTC 市场 Poloniex 日均交易量超过 3 亿美元，用户可以将自己的 BTC 在 P 网拿来放贷，每日获得利息。

Poloniex 也拥有 5 分钟、15 分钟、30 分钟、2 小时、4 小时和 1 天的可缩放蜡烛图表，以及为加密货币交易者提供的止损等功能。

Poloniex 也是一个纯粹的数字货币交易所，不能使用法币。用户需要先在其他地方购买比特币，然后充值到 Poloniex 交易。Poloniex 在所有交易中收取 0.15% 至 0.25% 的费用。

6. BITFINEX

Bitfinex 是世界上最具流动性的比特币交易所之一，据说是由一个在英属维尔京群岛注册的公司 iFinex 运营，公司总部位于中国香港，提供普通交易和杠杆交易等交易类型，提供中文界面。

自 2014 年起投入运营，Bitfinex 提供币币交易，美元与币的交易，超 60 种交易对，包括以太坊、比特币、莱特币、以太经典等虚拟币的交易，每天的成交量达 30 多亿人民币。

与 Bittrex 和 Poloniex 不同，用户可以使用美元进行交易（电汇至少 20 美元）。此外，用户需要支付从 0.1% 到 0.8% 不等的交易费，无论你何时提款或存款，都会收取一定的费用。

在 Bitfinex 上，如果你是一名专业交易员，可以找到先进的交易工具，例如限价单，止损单，追踪止损，TWAP 等等，以及不同的市场图表。

2018 年 1 月 12 日，Bitfinex 开通了注册，但为了充分发挥功能，账户上限为 10 000 美元或等值加密货币。

二、纳斯达克计划 10 月上线加密货币交易①

对于数字资产大潮，纳斯达克真的准备好了吗？

区块链和数字资产领域资深人士、香港上市公司优派能源董事局主席、深圳市区块链创投基金创始合伙人张利对猎云财经表示，纳斯达克入局数字资产交易的可能性非常大，因为纳斯达克代表美国证券市场高新科技板块，对新技术趋势的接受度非常高，改造、增加区块链和数字资产相关交易板块、区域都是有可能的。"他们的进度会非常快，美国人一般不会先讲再做，而是先做再讲或者边做边讲。"

就纳斯达克入局的可能性问题，业界预期高度一致。

数字货币交易平台 Coin Tiger CEO 凌凤琪（Frank Ling）对猎云财经

---

① 以下内容节选自《纳斯达克计划 10 月上线加密货币交易，数字资产市场重大洗牌在即》，文章来源：猎元财经（ID：Lieyuncj），作者：吴德铨。

表示，纳斯达克入局的可能性非常大，市场地位很高的芝加哥商品交易所已率先进场，通过比特币期货交易取得对比特币的定价权，奠定了大量金融机构进场配置的第一步，现有的股票交易所也会为了满足用户的配置需求展开竞争。

但是，纳斯达克启动数字货币交易仍然面临诸多障碍，需要时间来面对。

凌凤琪对猎云财经表示，纳斯达克还需要解决几个方面问题：如立法层面的突破，如何将现有的数字货币纳入 SEC 的监管，BTC 和各种 ERC20 Token 如何区别对待，如何分级？ 大量新出现的 Token 如何管理？ 以什么样的方式引入到纳斯达克？ 在立法和监管层面还存在很多空白地带。另外，也需要对项目层面进行更严格监管，比如，是否强制要求所有的项目遵守 Reg A（美国众筹法案），对于美国以外其他地区的项目，如何引入？

"事实上，美国市场已经认可数字货币存在的价值，但是，美国国会听证会还在辩论比特币应该纳入商品监管还是证券监管。"凌凤琪说。

三、交易所格局或将重新洗牌

纳斯达克入局数字资产交易，被业界普遍解读为利好。

一方面，说明全球对于加密货币、数字资产的共识在增强、凝聚，数字资产在各国将逐渐得到认可和保护；另一方面，纳入传统主流金融交易市场体系，将获得更强的合规监管和稳定交易环境。

张利对猎云财经表示，纳斯达克上线数字资产交易将是偏利好的影响，以美国为代表的发达国家如果决定把数字资产交易纳入主流市场，那一定是从法律、市场层面都做了非常充足的准备，来加入数字资产大潮。"如果美国这一政策动向被效仿，那么，更多国家将开放数字资产交易牌照，这对全球数字资产市场有正向影响。"

海外一位数字资产交易所董事长对猎云财经表示，如果美国能在客户 KYC 认证、交易所运营管理和风控管理体系等方面立出规范和标准，那么，很多国家会以美国的标准为参照规范管理数字货币市场。那样的话会是一个积极信号，现有数字资产交易所将在更多国家和地区申请牌照。

那么，纳斯达克入局对现有数字货币交易所会造成致命冲击吗？

对此，凌凤琪对猎云财经表示，就像芝加哥商品交易所拿到比特币定价权一样，纳斯达克如果入局的话，对市场的影响很大，但是对现有数字货币交易所影响不会太大，不构成显著竞争。因为用传统的运营思路并不能解决数字资产交易的问题，现有的玩家成长速度飞快。"另外，也有基因的问题，股票交易和数字货币交易看着长得很像，其实骨子里并不是一类东西。如同银行要去玩证券交易，玩得好的几乎没有。不是有钱就能玩得好，关键是利益结构能不能支撑平台去做这个事。"

在技术层面，纳斯达克也有一些问题需要解决。凌凤琪认为，数字交易平台交易的是加密的虚拟商品，价格分别独立撮合，可以自由充提。这一点跟证券交易的技术架构有所不同，股票不存在提走的问题，都是集中撮合，主要是登记和结算。商品存在交割提取，会有流动性冲击问题。

"纳斯达克需要成为商品交割的仓库，要重建整个交易体系。原来只是做凭证买卖，现在要做数字商品的交易和现金交割，其实蛮复杂的。现有数字货币交易是以法币交易和币币交易为主，法币交易主要在少数几个单一币对，前提是交易所要有足够的货值准备。现货市场的深度，决定了一个交易平台能不能做大。"他说。

凌凤琪认为，纳斯达克入局对于全行业的象征意义和激励作用很大，但还需要做很多准备，会留给市场很多时间。今天，交易所的竞争主要是比流动性、交易机制、与大额交易者的互信程度等等。

"未来股票市场和数字资产交易会深度融合。本质上来说，股票市场和数字资产市场类似于国内股票 A、B 股的关系。股权更多体现的是控制权，Token 未来更多体现的是使用权和收益权。股权未来也会用 Token 的方式来表达。"凌凤琪对猎云财经表示。

无论如何，全球数一数二的主流证券交易所入局，携积累多年的信用、体系、客户依赖的沉淀，必将在全球数字资产交易市场掀起轩然大波。

交易所格局重塑的可能性很大，是新旧冲突、强弱碾压还是强强竞争，且拭目以待。

第二节　中国央行在行动

在中国，央行领衔五大国有银行布局区块链布局。各大银行与上市公司在对区块链的探索上都十分积极，仅 2018 年上半年，北京银行在其业绩发布会上透露其未来几年的零售战略关注方向之一将是运用智能投顾和区块链来进行数据深度学习；中国四大国有银行中的中国工商银行和中国银行都有提交或发布区块链专利的消息放出。

据 IPRdaily 联合 incoPat 创新指数研究中心发布的 "2017 全球区块链企业专利

排行榜（前 100 名）"显示，中国人民银行数字货币研究所、中国人民银行印制科学技术研究所、中超信用卡产业发展有限公司于 2017 年的申请数分别为 33、22、13，中国人民银行以总数 68 超越阿里巴巴成为 2017 全球区块链专利冠军。除央行外，中国银行与招商银行、微众银行也榜上有名。

作为银行界的风向标，以央行为首的国有银行对区块链态度如何、成果如何是很值得关注的。金色财经统计了迄今为止中国央行与四大国有商业银行在区块链领域的尝试，试图从中一窥国有银行对区块链探索的主流方向。

中国人民银行

涉及领域：数字票据、数字货币、数字钱包

合作方：腾讯、IBM

成立平台：数字票据平台

2015 年，中钞区块链技术研究院（2016 年正式组建）团队开始重兵布局区块链技术，其隶属于中国印钞造币总公司核心企业之一的中钞信用卡产业发展有限公司，是央行体系内最早研究数字货币和区块链技术的团队；

2016 年，中钞区块链技术研究院团队承接并组织开发的基于区块链技术的数字票据平台；

2016 年 1 月，测试了一个基于区块链的数字货币，并开始为区块链证券规则奋力争取；

2017 年 1 月 29 日，中国人民银行正式成立数字货币研究所，旨在研究区块链和数字货币，从而确保区块链技术的潜力能够被最大限度地用于中国金融行业；

2017 年 1 月，上线"区块链电子钱包"(BOCwallet)的 iOS 版，钱包地址由 32 位的数字 + 英文字母组成，可以绑定该行的银行卡号；

2017 年 2 月，中国人民银行推动的基于区块链数字票据交易平台

已测试成功,由央行发行的法定数字货币已在该平台试运行;

2017 年 6 月,"中国人民银行数字货币研究所"已挂牌;

2017 年 6 月,中国人民银行宣布在五年计划中推动区块链发展;

2017 年 6 月,中国人民银行与腾讯合作测试区块链技术,重点在云计算、大数据和人工智能领域开展深度合作;

2018 年 1 月 25 日,中钞区块链技术研究院团队承接并组织开发的基于区块链技术的数字票据平台在票交所成功进行实验性生产;

2018 年 3 月 26 日,中国人民银行宣布成功建立区块链注册开放平台(BROP),由央行连锁子公司中超区块链研究机构开发的开放区块链协议;

2017 年 9 月,央行等 7 部委联合发布《关于防范代币发行融资风险的公告》叫停 ICO,但对于区块链技术,特别是区块链技术下的票据平台与数字货币,央行心态却十分开放。

早在三年前央行就已经开始着手研发名为 DCEP 的数字货币,在今年 3 月 9 号召开的十三届全国人大一次会议的记者会上,中国人民银行行长周小川表示央行近期正在和业界共同组织,依靠和市场共同合作的方式来研发数字货币,并指出纸币、硬币未来可能会被数字货币取代,但这个测试与推广过程一定是稳定、慎重的。

与此相对应的是,2018 年 4 月 11 日,中国人民银行行长易纲在博鳌亚洲论坛上表示正在研究如何运用区块链技术、金融科技技术发挥数字货币的正能量,让它更好地服务于实体经济。

中国工商银行

涉及领域:金融交易、扶贫

成立平台:金融产品交易平台

2017 年,参与了央行数字货币的发行和基于区块链的数字票据交易平台的研究工作；

2017 年 3 月，工商银行完成了基于区块链技术的金融产品交易平台原型的系统建设，这个系统在传统交易模式基础之上，为客户提供点对点的金融资产转移和交易的服务；

2017 年 3 月，工商银行完成了包括互联网金融、大数据与人工智能、云计算、区块链与生物识别等在内的七大创新实验室组建；

2017 年 5 月，工商银行正式启动与贵州省贵民集团联合打造的脱贫攻坚基金区块链管理平台，将第一笔扶贫资金 157 万元成功发放到位；

2018 年 5 月，发布首个区块链专利，旨在使用区块链系统来提升证明处理颁发效率，并且避免用户将统一文档重复提交到多个实体。

在去年 3 月工商银行 2016 年度业绩发布会上，工行董事长易会满表示，工行对区块链技术的研究和研发应用非常顺利，预计 2017 年能够投入实际的应用。

此前工商银行信息科技部副总经理张艳也曾表示，区块链技术已引发了全球各大金融机构的关注和研究，商业银行应积极探索企业的区块链应用建设，并尽快取得突破性成效。就目前情况来看，包括区块链在内的七大创新实验室已成为工行金融科技转型的一大重要推动力。

中国农业银行

涉及领域：供应链金融

合作方：趣链科技

成立平台：涉农互联网电商融资系统

2017 年 8 月，农业银行与趣链科技宣布了基于区块链上的涉农互联网电商融资系统"e链贷",并于8月1日成功完成首笔线上订单支付贷款。还推进金融数字积分(简称"嗨豆")系统建设,打造区块链积分体系。

农业银行的区块链探索主要面向三农问题。与其他几大行相比,农业银行在区块链方面的探索似乎有所保留,但农业银行在包含区块链在内的金融科技(Fintech)方面的探索却并不止于此。

2017年6月,农业银行与百度宣布将深度合作共建智能银行,截至目前虽然还未有新进展传出,但从中我们不难窥见,Fintech与业务端互相之间的吸引与结合之势已十分明显。

中国银行
涉及领域: 电子钱包、金融、技术
合作方: 腾讯、阿里

2017年1月,中国银行上线一个APP——区块链电子钱包(BOCwallet)的iOS版,钱包地址由32位的数字与英文字母组成,可以绑定该行的银行卡号;

2017年6月,中国银行与腾讯合作测试区块链技术,重点在云计算、大数据和人工智能领域开展深度合作;

2017年8月,中国银行与SWIFT组织和全球银行一起加入SWIFT gpi区块链概念验证(POC),促进金融可在SWIFT gpi项目中的应用;

2017年9月28日,中行就首次提交"一种区块链数据压缩方法及系统"的区块链新专利,目前在审批中;

2018年4月20日,蚂蚁金服雄安数字技术有限公司与中国银行雄安分行在雄安新区签署战略合作协议,将继续通过区块链技术在雄安住房租赁相关领域开展合作。

中国银行的区块链探索较为有趣。

一方面并不排斥与阿里、腾讯这类互联网巨头合作，另一方面在电子钱包的探索上，自 2017 年 9 月份以来也暂未有新消息传出，彼时距离中行推出电子钱包已有半年时间。

对于用户"这就是简易版支付宝"的调笑，有业内人士称从钱包地址看，可以确认底层用到了分布式记账（DLT）技术，具备了区块链电子钱包的基本特点。

中国建设银行
涉及领域：保险、国际保理、外贸授信、贸易金融
合作方：IBM
成立平台：区块链银行保险平台

2017 年 9 月，中国建设银行与 IBM 合作，在香港开发和推出一个"区块链银行保险平台"，为其零售和商业银行业务提供服务；

2017 年 9 月，中国建设银行宣布将在第三季度开始使用自定义的区块链平台进行银行保险，这一过程将推动银行将第三方保险产品销售到一个分布式账簿上；

2017 年 11 月，建设银行完成首笔区块链福费廷交易，金额近一亿人民币；

2018 年 1 月 8 日，中国建设银行首笔国际保理区块链交易落地，成为国内首家将区块链技术应用于国际保理业务的银行，并在业内首度实现了由客户、保理商业银行等多方直接参与的"保理区块链生态圈(Fablock Eco)"，成为建行全面打造"区块链＋贸易金融"Fintech 银行的一项重大突破；

2018 年 3 月，建设银行宣布探索"区块链＋贸易金融"技术，还在雄安新区将区块链技术运用到租赁住房平台等。

中国建设银行在年报中写道，2017 年，主动探索"区块链＋贸易金融"技术，在同业中率先实现国内信用证和国际保理领域的区块链跨行、跨境的实际应用，通过区块链累计交易业务量达到 16 亿元，覆盖 20 家境内外机构。

从这组数据来看，建设银行在几家银行中的探索算是较为落地。近日，建设银行旗下全资金融科技公司建信金融科技有限责任公司总裁雷鸣公开表示，区块链技术的运用更将降低银行在整个产业链中的信任成本。结合上文列举的动作，建行的区块链探索大方向已经跃然纸上了。

毋庸置疑是，区块链是倒逼金融基础设施建设、推进新金融发展的利器之一已成为以央行为首的国家队的共识。

当然，不可忽视的一点是，央行所谈的"数字货币"与以比特币为代表的数字货币并不相同，央行的数字货币是法定货币，并可能采用私有链的方式。

在央行发布的五年计划中，中国人民银行打算积极推进区块链和人工智能等新技术的开发，还计划加强 Fintech 在监管，云计算和大数据中的应用研究。新闻稿强调，从 2016 到 2020 年，中国人民银行将采取措施帮助中国金融业接受经济改革。

国有银行的探索集中在供应链金融、扶贫、保险、钱包等几个方面，与 BATJ 体现出的一样，这些传统金融企业与互联网巨头对区块链的尝试目前还处在一些边缘非核心项目上，并且相较于大规模的应用，这些尝试的实验性质更浓一些，除了推行过程中必将会面临的现有体制与模式带来的障碍，改造成本和机会成本也是不得不考虑的重要因素。

2018 年 5 月 28 日，在中国科学院第 19 次院士大会，中国工程院第 14 次院士大会上，习近平总书记首提区块链，强调推进大数据、人工智能、量子技术、区块链等新技术与实体经济深度融合。

结　语

写在成稿之际

这本书将要成稿之际，正是五月一日。这天被称为劳动节。傍晚时分，窗外的一场大雨，几乎遮盖了这座繁忙的城市。偶尔的惊雷，把我从区块链的多维空间中拉到了现实。呼吸一下，这充满潮湿的空气，看着窗外这天与地，我不禁感叹，感谢造物主的伟大，这世界真美好。

编写这本书，是出于无奈。上海国际社区学院诞生之际，社会上有极大的需求，要进行区块链技术与应用方面的教育，而目前又拿不出合适的"教材"。所以，伙伴们共同努力，编辑出版了这一本书。后期随着教育及市场的情况，一定会不断地加以完善。

而我一直认为，对于非常有争议或者前沿的技术话题，最好的方法，就是团队共同编写一本教材。这样不仅可以凝聚共识，而且胜过了一对一的多次培训。

本书的编辑过程对所有伙伴都是艰辛的。我们查阅了数十本教材，观看了数百小时的视频，真实了解了区块链产业的现状——从安心于写代码的技术人员，到专注于炒币的亿万富翁；从懵懂的百姓，到张狂的骗子。真像坊间流传的那样，区块链的世界里："精英在酿啤酒，百姓在吹泡泡，骗子在割韭菜。"

当我们的眼光穿越国界，当我们的视角，移出这个现实的维度，进入将要坍塌的虚拟世界，我们理解了一位勤恳的技术工作者的坦言：区块链大概是唯一可以修复、重构虚拟世界的技术工具。

诚然，混沌之时，荒蛮之处。区块链技术，离钱这么近，甚至本身就是钱。靠近和发现它的人，有多少不是干到子夜三点钟呢？而且种种乱象，更提醒我们，要坚持走在正义与公平的路上；要把这件事情的全貌完整地告诉给大家，而不仅仅是盲人摸象。

回想这几个月编写的时光，让我非常难忘的是各位编委伙伴们的辛苦付出。我曾经担心几个朋友，担心他们是单位的领导，公务繁忙，来不及写作。而实际上，他们的文稿是最好的。我也感谢那些没时间参与编撰工作但踊跃参加众筹的伙伴们。这本书的出版，是我们大家共同努力的结果。

我们在这里也要郑重声明，由于本书成稿、编辑的过程较为匆忙，尽管我们把引用的内容都尽可能做了标注，并且在参考文献中予以指出，但由于互联网信息较为纷杂，有部分引用内容难以找到真实出处。如果有引用、说明不当的地方，请广大读者予以指出。

让我们在公义的道上走，在公平的路中行。

李　波

2018 年 5 月 1 日傍晚于黄浦江畔

未来或许是区块链＋中心化价值平台的世界

刚接触到区块链理念的时候，感觉这种全新的机制，可以改变现实和虚拟世界中的不足，从信用建立到产权保护、从数据确权到价值超导，让经济活动中的每个参与者都能够自动、自发地贡献并获得奖励。区块链的魅力在于其简单又神秘的魅力，每个人都可以按照自己的期望去理解区块链，不同经历的人有自己的频段去汲取区块链中对应波长的那部分能量，加之 ICO 带来的财富畅想，让区块链成为了当前最富争议的横跨科技、经济、机制设计等领域的话题。

在具体区块链项目实施过程中，笔者有幸接触到了区块链价值的布道者、区块链技术的开拓者和区块链领域的投资者。 我看到区块链还处于发展初期，还在方法论酝酿和思想准备阶段，也正因如此，草根们摩拳擦掌，积极改变命运，大佬们枕戈待旦，努力维持江湖地位。毋庸置疑，区块链在概念阶段就已为各行各业带来活力，已经给社会进步注入强劲的动力。区块链不仅能提高整个价值链和生产关系中的一部分环节的效率，还解决了数据资源贡献者与数据使用平台的关系，但数据仅仅是数据，单纯的数据无法直接面对公众提供价值。如果把数据比作是互联网世界的石油，那么区块链是"大账本"，承担的主要是提供证明各方贡献的"公证处"职能，大众消费者很难直接利用原始数据进行消费，数据需要价值工厂增值才可投放市场。区块链在原材料与价值工厂之间构建了新型的生产关系，而价值工厂所创造的产品和服务是否为公众所接受，还需要中心化的平台来实现。

我们不由得感叹道历史演进和科技发展的规律，当前围绕衣食住行的各类平台格局已经定，短板是信息来源、隐私安全和价值分配，于是区块链出现了……

韩 明

2018 年 5 月 10 日

当我们谈到信任，我们究竟在谈什么？

在接触区块链之前，我一直研究信任机制在商业实践中的作用，不同场景不同文化，信任机制都在发挥作用，效率高低不一。

在更进一步的研究中，我提出了在商业环境中构建信任的金字塔模型，包括：利他、公共区、偶像行为和长期博弈，一共四个要素。其中第四个要素：长期博弈，是以此作为确保商业环境中信任可持续发展的外部约束。

在真实的商业场景中，要想通过长期博弈来强化信任的外部保障，传统做法的成本往往很高。一方面是很多交易往往是低频的甚至是一次性交易；另一方面借助中心化的背书来保障交易双方之间彼此的信任，客观上助长了平台的垄断性。这好比屠龙少年杀死恶龙仰天长啸时，眼尖的围观民众却发现少年胳膊上隐隐约约地长出了像鳞片一样的东西。

这就是真实商业世界的两难。

推动社会进步的几股力量包括文化、制度和技术。当制度和文化都无法解决信任（的效率）时，人们会换个思路，期待技术能够为此做点什么，而区块链技术以及未来的发展承载人们对此的期待。

区块链技术和相关应用走到今天，和它相关的教育却远远落后。

历史告诉我们，任何一个创新技术以及背后的逻辑在发展到一定阶段时，都需要向更多公众做普及性教育，这种教育本身就是社会大众理性思维的客观需求，与时俱进的需求；另一方面也是这个创新技术内在与社会实践充分融合，充分发挥技术作为第一生产力的需求。

我参与编写这本书，就是看好区块链作为信任机制中外部约束因素的创新，更看好这种创新倒逼人类自身在利他、公共区、偶像行为（这三者是信任机制的内在动力）等领域的二次创新。

任何创新都是为了让人生活得更美好，而更多信任被更多创新方式创造出来，这就是人类通往大同社会的必由之路。

普及区块链，普及区块链教育，我们愿意多做些力所能及的事情。

朱 宁

北大纵横管理咨询集团合伙人

2018 年 5 月 11 日

参考文献

［1］ 蒋润祥，魏长江．《区块链的应用进展与价值探讨》［J］．《甘肃金融》，2016（2）：19—21.

［2］ 黎明，梁尤伟．《数字货币发展应用及货币体系变革探讨——基于区块链技术》［J］．《西南金融》，2016（5）：69—72.

［3］ 林晓轩．《区块链技术在金融业的应用》［J］《中国金融》，2016（8）：17—18.

［4］ 凯文·比勒，丹尼尔·基雅雷拉，赫尔穆特·海德格尔，马修·拉美勒，阿卡什·拉尔，杰瑞德·慕恩，董艳，董丹．《区块链技术在资本市场的应用》［J］．《金融市场研究》，2016（2）：110—120.

［5］ 胡乃静，周欢，董如振．《区块链技术颠覆金融未来及在上海金融中心的发展建议》［J］．《上海金融学院学报》，2016（3）：31—41.

［6］ 袁勇，王飞跃．《区块链技术发展现状与展望》［J］．《自动化学报》，2016（4）：481—494.

［7］ 程华，杨云志．《区块链发展趋势与商业银行应对策略研究》［J］．《金融监管研究》，2016（6）：73—9.

［8］ 益言．《区块链的发展现状、银行面临的挑战及对策分析》［J］．《金融会计》，2016（4）：46—50.

［9］ 张波．《国外区块链技术的运用情况及相关启示》［J］．《金融科技时代》，2016（5）：35—38.

［10］ 张苑．《区块链技术对我国金融业发展的影响研究》［J］．《国际金融》41—45.

［11］ ［加］唐塔普斯科特，［加］亚力克斯·塔塔普斯科特．《区块链革命：比特币底层技术如何改变货币、商业和世界》．中信出版社，2016.

［12］ 韦康博.《解读区块链： 重新定义未来经济》. 北京： 人民邮电出版
社，2017.

［13］ ［美］布莱恩·凯利.《数字货币时代： 区块链技术的应用与未来》. 北
京： 中国人民大学出版社，2017.

［14］ 李波，冯革，徐萍.《项目融资管理》［M］. 上海： 上海交通大学出版
社，2010.

［15］ 李波，冯革.《知识性服务业的产业生态》［M］. 上海： 上海人民出版
社，2006.

［16］ 李波，李劲松，姚荣武.《资本天道之掘金 OTC》［M］. 香港： 香港邦
盟汇骏创意有限公司，2014.

［17］ 长铗，韩锋.《区块链：从数字货币到信用社会》［M］. 北京： 中信出
版社，2016.

［18］ 关莉莉.《基于区块链技术的信用应用设想》［J］.《信息与电脑》，
2016(6).

参考网站原文地址

[1] 《Visa 联合 DocuSign 推出区块链租车项目，你看懂了么？》，来源：巴比特社区网。链接：http://www.8btc.com/Visa-docusign-car-lease

[2] 《区块链应用：Visa 和 Docusign 联合推出汽车租赁签名验证》，来源：巴比特社区网。链接：http://8btc.com/thread-24816-1-1.html

[3] 《数字身份对于区块链的意义》，作者：刘永新，来源：巴比特社区网。链接：http://www.8btc.com/digital-id-blockchain

[4] 《比特币白皮书 一种点对点的电子现金系统》，作者：中本聪（Satoshi Nakamoto），来源：巴比特社区网。链接：http://www.8btc.com/wiki/bitcoin-a-peer-to-peer-electronic-cash-system

[5] 《区块链其实是"信用机器"》，作者：陈兴杰，来源：新京报。链接：https://www.bjnews.com.cn/opinion/2018/02/14/476397.html

[6] 《"观点"这三要素，让区块链技术成为颠覆世界的技术》，来源：咸宁新闻网。链接：http://www.sohu.com/a/215606639_640189

[7] 《互联网已颠覆世界，它却要颠覆互联网：神奇的"区块链"》，链接：http://www.360doc.com/content/16/0531/07/2472300_563888580.shtml

[8] 《中国艺术品资产化及艺术财富管理年度研究报告（2017）》，作者：西沐，来源：中国经济网。链接：http://m.ce.cn/bwzg/201708/02/t20170802_24756745.shtml

[9] 《时间戳服务与存在证明》，来源：巴比特社区网。链接：http://www.8btc.com/timestamp-and-proof-of-existence

[10] 《千年之链：比特币中国推出区块链刻字业务》，来源：巴比特社区网。链接：http://www.8btc.com/btcc-forever

［11］《挖币网：阿瓦隆 A6 矿机评测》，来源：巴比特社区网。链接：http://8btc.com/thread-27263-1-1.html

［12］《区块链进化论：从初始到成熟有多远》，作者：王莹，来源：第一财经日报。链接：http://www.yicai.com/news/5021553.html

国外参考资料

[1] Allison. 1,（2016）Skuchain：Heres how blockchain will save global trade a trillion dollars. Available at：https：//www. ibtimes. co. uk/skuchain-heres-how-blockchain-will-save-global-trade-trillion-dollars-1540618.

[2] Apodaca. R,（2014）OP RETURN and the Future of Bitcoin, Available at：https：//bitzuma. com/posts/op-return-and-the-future-of-bitcoin/

[3] Back. A, Corallo. M, Dashjr L, Friedenbach. M, Maxwell. G, Miller. A, Poelstra A, Timo n J, and Wuille P,（2014）Enabling Blockchain Innovations with Pegged Sidechains, Available at：https：//blockstream. com/sidechains. pdf

[4] Barcelos. H,（2015）White Paper A next-generation Smart Contract and Decentralized Application Platform, Github, Available at：https：//github. com/ethereum/wiki/wiki/ white-paper

[5] Bayer. D, Haber. S and Stornetta. W（1992）Improving the Effciency and Reliability of Digital time-stamping, Available at：http://citeseerx. ist. psu. edu/viewdoc/download? doi = 10. 1. 1. 71. 4891 & rep = rep1 & type = pdf

[6] BBC(2014)比特币交易平台 Mt Gox 申请破产保护，BBC 中文站，Available at：http://www. bbc. com/zhongwen/simp/business/2014/02/140228_bitcoin

[7] I Brown R（2013）DECENTRALISED DIGITAL ASSET REGISTERS-CONCEPTS Availableat：https：//gendal. me/2013/11/10/decentralised-digital-asset-registers -concepts/

[8] Brown. R,（2015）A Simple Model For Smart Contracts，Thoughts on the future of finance Available at：https：//gendal. me/2015/02/10/a-simple-model-for-smart-contracts/

[9] Brown. R, (2015) How To Expain The Value Of Re plicated, Shared Ledgers From FirstPrinciple, Availableat: https: //gendal. me/2015/04/27/how-to-explain-the-value-of-replicated-shared-ledgers-from-first-principles/

[10] On Public and Private Blockchains. Available at: https: //blog. ethereum. org/2015/08/07/on-public-and-private-blockchains/

[11] Cassano. J(2014) What Are Smart Contracts? Cryptocurrency's Killer Available at: https: //www. fastcompany. com/3035723/smart-contracts-could-be-crypt-ocurrencys-killer-app

[12] 刀彩云比特(205)比特币矿机评测: Avalone60 比特币 Available at: http//www. bicker. com/miner/201511btc-miner-Avalon6. html

[13] 推酷: The March Of Financial Services Giants Into Bitcoin An Blockchain Startups In One Chart, Available at: https: //www. tuicool. com/articles/bYVFZvr

[14] NEWSBTC: Now Blockchain To Help In Authenticating Academic Certificates! Available at: http://www. newsbtc. com/2015/10/21/now-blockchain-to-help-in-authenticating-academic-certificates/

特 别 声 明

为了展示针对区块链技术的多元化观点，我们特别从报纸杂志、网络媒体报道中，筛选了一些文章，收录于本书，版权归原作者所有。

因转载众多，有些文章无法确认真正原始作者，我们在此特别声明：如涉及作品版权问题，请与我们联系，我们将在第一时间协商版权问题。

邮箱：1874778576@qq.com（编委倪先生）

我们也将持续通过各种渠道联系这些作者，感谢他们提供了可与人分享的观点。

《资本天道——区块链＋未来》编辑小组

图书在版编目（CIP）数据

区块链＋未来/李波,屈林,陈晔主编 . —上海：上海文化出版社,2018.9

（资本天道）

ISBN 978－7－5535－1281－5

Ⅰ.①区⋯ Ⅱ.①李⋯②屈⋯③陈⋯ Ⅲ.①电子商务—支付方式—研究 Ⅳ.①F713.361.3

中国版本图书馆 CIP 数据核字(2018)第 154454 号

出 版 人：姜逸青
责任编辑：顾杏娣
装帧设计：汤 靖

书 名：区块链＋未来
作 者：李 波 屈 林 陈 晔
出 版：上海世纪出版集团 上海文化出版社
地 址：上海市绍兴路 7 号 200020
发 行：上海文艺出版社发行中心发行
 上海市绍兴路 50 号 200020 www.ewen.co
印 刷：苏州市越洋印刷有限公司
开 本：787×1092 1/16
印 张：16.5
版 次：2018 年 9 月第 1 版 2018 年 9 月第 1 次印刷
国际书号：ISBN 978－7－5535－1281－5/F·012
定 价：80.00 元
告 读 者：如发现本书有质量问题请与印刷厂质量科联系 T：0512－68180628